D1097547

ADIESTRA A TU PERRO DESDE CERO

CÓMO ENTRENAR Y EDUCAR A TU MASCOTA EN POSITIVO

GUÍA COMPLETA

César Enric

Gracias por elegir mi libro para descubrir o aprender más para educar a tu compañero de vida.

¡Espero, de corazón, que aprendas y disfrutes de este viaje!

Si te gusta lo que lees, me encantaría contar con tu reseña y valoración positiva en la página donde lo compraste, porque así realmente me ayudas a llegar a más personas y a tener un impacto positivo en sus vidas.

¡Nos vemos en el siguiente libro!

Un abrazo,
César Enric.

ÍNDICE

INTRODUCCIÓN

Hay muchas razones por las que la gente decide adoptar un cachorro. Entre ellas, estas son las principales:

- Quieren que sus hijos tengan un animal de compañía.
- Buscan compañía.
- Buscan un compañero con el que estar activos.
- Necesitan un perro guardián.
- Les encantan los perros.

Tomemos, por ejemplo, el "compañerismo". Aunque los perros son unos compañeros maravillosos cuando estás cerca de ellos, siguen necesitando cuidados cuando no estás. No se trata de una mascota que pueda "sacar" y luego guardar cuando no esté. Puedes estar en el camino correcto para tener una mascota si eres capaz de reconocer tu compromiso con un ser vivo.

Estas son las preguntas más importantes que debes hacerte:

1) ¿Cuál es la verdadera razón por la que quiero una mascota?

2) ¿Cuánto tiempo tengo que entrenarlo?

Enhorabuena si puedes responder a ambas preguntas con sinceridad. Puede que estés preparado para tener un perro.

A continuación, piensa en el tipo de perro que desea. Puedes crear un programa de adiestramiento que te funcione en función de su tiempo y estilo de vida. Hay una realidad en cuanto a las razas: algunos perros requieren más adiestramiento que otros. Es posible que quieras entrenar a algunos perros más intensos que otros.

Los Chow Chows, por ejemplo, son perros magníficos, pero son perros independientes, tranquilos y distantes. Este perro puede no ser el adecuado para entrenar si tienes una familia numerosa y muchos niños. A los Chow Chows les encanta establecer un vínculo con su cuidador principal. Es probable que sea la persona con la que el perro pase la mayor parte del tiempo.

Es esencial tener un conocimiento básico de la personalidad de su mascota. Aunque cada perro es único, conocer las características de la raza puede darte una idea del tipo de perro que va a manejar.

Si eres capaz de proporcionarle compañía, adiestramiento y orientación, probablemente estés preparado para tener una mascota. Debes hacer un hueco en tu vida diaria para su perro. Ser propietario de un perro es un compromiso enorme, al igual que un hijo. Un buen programa de adiestramiento y un buen horario pueden ayudarte a tener éxito. Esta guía te ayudará a iniciarte en una de las relaciones más gratificantes que tendrás el privilegio de tener.

Cada minuto que inviertas de tu tiempo en educar a tu perro, tendrá su fruto, créeme. Y, aunque al principio a veces pueda no notarse mucho resultado, sobre todo cuando tu perro esté entre los 8 meses y el año y medio y está más revolucionado y estimulado por las hormonas y su entorno, llegará un momento en el que todo el adiestramiento que le hayas dado habrá merecido la pena. En ese momento te sentirás no sólo orgulloso, sino tranquilo y confiado de que puedes convivir con tu perro sin riesgos ni problemas y que nada malo el pasará a tu cachorro ni a otros perros o personas que le rodeen. Podrás llevarle tranquilamente suelto en un parque si las condiciones lo permiten, o dejarle que socialice con otros perros o personas sin miedo alguno a malas reacciones, e incluso podrá jugar con un palo con otros perros persiguiéndose los unos a los otros, sin temor a que se enfade porque le vayan a quitar su juguete.

Que tu perro sepa cómo comportarse con el entorno que le rodea es tu responsabilidad y requiere de constancia, buena disposición, paciencia y comprensión. Quizá pueda parecer complicado, pero el día que puedas estar totalmente seguro de que tu perro no morderá a otro, o que no saltará encima de una persona y lo tirará al suelo, que nunca se escapará persiguiendo un conejo y lo perderás o cruzará la calle poniendo su vida y la de los conductores en peligro, ese día, disfrutarás al 100% del maravilloso honor y fortuna de compartir tu vida con una mascota feliz y equilibrada.

Disfruta de este viaje en el que no sólo enseñarás a tu perro cómo vivir, sino que tu también aprenderás a tener más paciencia, comprensión y a ser más positivo, activo y cariñoso. Y todo a la vez que le educas, así que realmente es un viaje de dos, dónde ambos ganaréis en conocimiento y felicidad.

Disfruta de tu mascota y de la vida.

CAPÍTULO 1

LOS 10 MEJORES CONSEJOS

Adiestramiento eficaz

Para sacar el máximo partido a tus esfuerzos para adiestrar a tu perro, es importante tener en cuenta la eficacia. Las herramientas que elijas deben ser eficaces. Es importante no enseñar a tu perro de forma equivocada y luego tener que corregirlo y perder el tiempo. Estos son los 10 mejores consejos para adiestrar a tu perro con eficacia:

1. **La clave es la positividad**: el adiestramiento no es el lugar para gritar, reñir o chillar. Debes utilizar las mejores herramientas posibles. Tienes poco tiempo para que tus sesiones de adiestramiento tengan éxito, así que necesitas las mejores herramientas. El estímulo positivo es, con mucho, la herramienta más eficaz. Es importante recordar que tu perro querrá complacerte cuando le entrenes. Los perros tienen este rasgo instintivo: quieren complacer a los líderes de su manada, en este caso, tú. Puedes confiar en que tu perro hará lo correcto. Porque si tu perro coge el palo y tú dices "¡buen chico!", lo hará una y otra vez una vez después de que se dé cuenta de que así es cómo le das las gracias. ¡Así es como puedes ayudar a tu perro! Este es un gran consejo para recordar al entrenar a tu perro. Es mucho más fácil seguir los instintos naturales de tu perro que tratar de cambiarlos. Las golosinas facilitarán el fomento de la positividad en los cachorros. La mejor manera de enseñar a tu cachorro es hacerle comprender que puede ser recompensado por hacer cosas buenas. Puedes reducir el número de golosinas a medida que tu cachorro crezca. Es importante que la recompensa sea "especial" para que tu perro entienda lo que significa y cómo repetirla.

2. **Mantén la mirada en lo positivo y no en lo negativo**: tu cachorro cometerá errores. Lo mejor es aprender rápidamente la rutina de tu cachorro. Un cachorro debería salir entre 20 y 30 minutos después de comer. Sin embargo, tu cachorro puede ser diferente. Debes observar a tu cachorro de cerca para identificar las "señales". Un cachorro puede empezar a olfatear la

cocina antes de orinar o puede dar vueltas en círculos. Estos son signos de que tu cachorro está listo para salir. Aprenderás las señales de que tu cachorro está preparado para salir y trabajarás con ellas. Si tu cachorro se equivoca, llévelo fuera a orinar. Después de un rato, deje que el cachorro se siente allí hasta que se sienta cómodo y luego llévelo fuera. Saque al cachorro de la zona que ha ensuciado y límpiela con cuidado. No está bien meter la nariz del perro en la suciedad. No grites. No le pegues en absoluto. Estos métodos no son eficaces y confundirán a tu cachorro. Si tu cachorro comete el mismo error una y otra vez, cómo, por ejemplo: si ensucia el mismo lugar en la cocina, debe cogerlo y llevarlo fuera. Cuando tu perro orine en el lugar correcto, recompénsalo con caricias o premios. Evita centrarte en los aspectos negativos o enfadarte y sé generoso con los positivos. Esto no sólo ayudará al adiestramiento de tu perro, sino que también te mantendrá positivo.

3. **Asegúrate de prestar atención a las necesidades de su cachorro y no a los consejos generales para todos los perros:** busca consejos y trucos para ayudar a tu perro. Hay muchos recursos disponibles, pero siempre debes recordar la individualidad de su mascota. Es posible que tengas que adaptar lo que funciona para todos los perros a tus necesidades y a las de tu perro. Puede que no sea posible hacer caso a los expertos y crear un espacio especial para que tu perro juegue, sobre todo si vives en un apartamento. Es posible que no puedas ofrecer una sesión de adiestramiento para tu perro si trabajas muchas horas. No sientas que no es suficiente.

Aunque no dispongas de mucho tiempo o espacio, la buena noticia es que puedes hacer que tus sesiones de adiestramiento sean especiales y los momentos de compañía memorables, con cuidado y atención. Tu perro aprenderá a reconocerte como líder y podrá concentrarse en sus sesiones de adiestramiento contigo.

"Lo más importante en el adiestramiento de un perro es la calma, la constancia y la positividad"

Estas son las claves. Puede llevar tiempo comunicar tu mensaje a tu perro. No es buena idea gritarle. Esto puede hacer que tu perro te tema, lo que no es bueno para generar confianza. Sé positivo. Tu perro sabrá cuándo estás nervioso, enfadado o decaído. Tómate un momento para calmarte o animarte antes de empezar la sesión de adiestramiento. La actitud positiva es importante para que tu perro sienta que estás disfrutando con él durante las sesiones de adiestramiento.

4. El adiestramiento debe formar parte de su vida diaria: el adiestramiento debe integrarse en la vida cotidiana. Ésta es una de las mejores maneras de aumentar la eficacia. Puedes reservar tiempo para el adiestramiento, pero también es muy útil incorporarlo a las rutinas y actividades diarias. Saca a tu perro a pasear por la mañana. Acaricia o recompensa a tu perro cada vez que haga algo bueno. Para un cachorro, esto puede ser tan sencillo como decirle que se siente y acariciarlo cuando lo haga. Sin embargo, a medida que tu cachorro crezca, podrás centrarse en recompensarle mientras hace diferentes actividades. Puedes decir a tu perro "hora de comer" cuando le vayas a dar de comer. No le des inmediatamente comida. Antes puedes pedirle a tu cachorro que se siente. Esto evitará que el perro se precipite para llegar al cuenco de comida. Esto debe hacerse en función de la edad de tu cachorro. Así seguirás con su adiestramiento haciendo que el perro se siente antes de darle su comida. Esta es una forma estupenda de añadir el adiestramiento a su horario diario si estás especialmente ocupado. Te ayuda a crear el comportamiento que deseas en tu perro adulto. El adiestramiento se basa en la constancia y la repetición. Es importante incorporar el adiestramiento a su rutina diaria. Esto facilita la evolución de tu perro a la hora de aprender comportamientos y técnicas básicas. En lugar de que tu perro corra en círculos sin dirección ni límites, podrás anticipar cómo se comportará de ahora en adelante.

5. Las golosinas son una forma estupenda de conseguir que su perro se comporte: las golosinas pueden ser una bendición a la hora de adiestrar a un perro o a un cachorro. Cuando entrenes a un cachorro, ten en cuenta que acaba de empezar a comer alimentos sólidos. Una buena golosina le hará sentirse especial. Tu mascota debe disfrutar de la golosina. Los expertos recomiendan que las golosinas sean algo completamente diferente a la comida habitual del perro. Debes elegir algo nutritivo, bajo en calorías y delicioso. Puedes probar con pequeños trozos de pollo hervido, hígado o salchichas. Aunque puede ser necesario probar unas cuantas veces para determinar a qué responde su cachorro, la mayoría de los cachorros no son exigentes. Se lo comerán si tiene buen sabor. A medida que tu cachorro crezca, debería estar preparado para reducir la cantidad de golosinas. Aunque una golosina es la mejor forma de llamar la atención de tu cachorro, también se pueden utilizar los elogios. Puedes sustituir la golosina por un *"buen perro"* o *"buena chica"*. Puedes reducir la cantidad de golosinas que le das a tu perro, pero sigue siendo importante que no le des demasiadas. Es posible que no quieras dar a tu cachorro salchichas cada vez que se siente correctamente al ordenárselo. Puedes considerar la posibilidad de dar a tu cachorro una golosina después de su sesión de adiestramiento de 15 minutos, pero también debes asegurarte de utilizar muchas frases como *"buen chico"* entre ellas. Tu perro aprenderá qué comportamientos son aceptables si mantienes el refuerzo positivo.

6. El adiestramiento debe ser una actividad de grupo: esta sección puede no ser aplicable si vives sólo. Si vives en un hogar con más de una persona, o si hay niños, es importante incluir a todos. Cualquier persona que vaya a estar en contacto constante con tu cachorro debe conocer las normas. Debes enseñar a tus familiares y amigos las normas mientras entrenas a tu cachorro. Puedes hablar el mismo idioma desde el principio. La constancia es la clave del éxito de tu cachorro. Ten en cuenta que tu cachorro responderá a la constancia, especialmente cuando lo lleves a casa por primera vez. Los cachorros tardan un tiempo en desarrollar su capacidad de retención. Es importante que todos, incluidos los niños, participen en el adiestramiento. El cachorro debe ser adiestrado por todos. Sin embargo, no debes permitir que deambule por la casa sin que se le supervise o se le den golosinas especiales. Estas son las cuestiones que debes abordar antes de que tu cachorro llegue a casa. Establece expectativas con tus compañeros de casa para asegurarte de que entienden lo que quieres y lo que requiere tu cachorro. Los niños están acostumbrados a seguir normas, por lo que serán más flexibles que los adultos cuando les digas lo que quieres. Seguro que tendrás que discutir más con los adultos de la casa sobre tus razones para pedirles ayuda en el adiestramiento de tu pequeño peludo.

También puedes enseñar a tu perro y luego mostrárselo al resto de habitantes de la casa. Pídele a tu perro que se siente antes de dejarle la comida. Si son capaces de hacerlo, pídeles que lo hagan de la misma manera. Para evitar confusiones y conseguir el comportamiento deseado, es importante que todo el adiestramiento sea coherente.

7. **Cuando es un cachorro, es posible que tu perro no entienda nada:** si tienes niños menores de 7 años, es una edad muy temprana para poder adiestrar a un cachorro y, en muchas ocasiones, los niños gritarán a los perros cuando no hagan lo que quieren. Los gritos confunden al cachorro y le hacen temer al niño (y a las personas). Otro problema es que los gritos pueden anular cualquier entrenamiento. El cachorro nunca ha tenido la oportunidad de conocer al niño y, por tanto, no es justo que le grite. Su cachorro debe ser tratado como un bebé. Su perro es nuevo en el mundo y en tu mundo. Tu perro también debe conocer nuestro lenguaje. Si pasas tiempo con él te resultará más fácil entenderle. Tu cachorro también te observa, está aprendiendo todo sobre ti, incluidas tus preferencias, tu lenguaje, cómo te comunicas y cuáles son tus objetivos. Esto es lo que

creará el vínculo entre vosotros. Lo interesante de los perros y el lenguaje humano, es que el perro medio que ha sido adiestrado con constancia puede entender la misma cantidad de palabras que un niño de dos años. Es increíble. Esto es una prueba de que tu perro aprenderá a entenderte si tienes un buen programa de adiestramiento. Podrás recompensarle más si le llegas a conocer mejor. Tu perro estará más motivado para hacer las cosas correctas cuando reciba más elogios. Este hermoso ciclo durará toda la vida.

8. **El adiestramiento de cachorros menores de 6 meses debe ser breve y directo:** al seguir un programa de adiestramiento, es importante tener en cuenta la edad de tu cachorro. En el caso de los cachorros más jóvenes, es importante que las sesiones de adiestramiento sean cortas y se repartan a lo largo del día. Tu cachorro aún se está acostumbrando al mundo exterior. Es posible que se encuentre con muchos estímulos fuera del adiestramiento. Por eso el adiestramiento debe ser breve. El adiestramiento de un cachorro muy joven debe tener tres prioridades principales: en primer lugar, asegurarse de que tu cachorro se siente cómodo con el trato humano, luego adiestrar a tu cachorro en casa y, por último, educarlo en la calle. Esta guía tiene secciones separadas. Para que tu perro tenga su propio espacio, la introducción trata sobre el uso de una zona separada de la casa exclusivamente para tu pequeño. Este lugar seguro para su cachorro es su refugio y evitará que siembre el caos y el desorden en el hogar. Su zona exclusiva es un lugar

seguro para que tu cachorro descanse, al menos hasta que haya comprendido que no debe comerse el sofá o hacerse pis en tu almohada. Piensa en un niño pequeño haciendo esto. Tu perro se puede dañar su perro con cables eléctricos, enchufes, etc. Su zona apartada es su máxima protección cuando no estás en casa para que esté y se sienta seguro.

La educación en casa debería ser una prioridad para todos. Nadie quiere un cachorro que destroce la casa una y otra vez. Conocer las "señales" de tu cachorro le ayudará a educarlo. También debes trabajar para que tu cachorro sienta el contacto humano. Esto no es sólo para crear un vínculo, es necesario para el cuidado general de su mascota. Tu cachorro debe ser capaz de dejar que las personas hagan estas cosas sin asustarse o retroceder.

9. **Cuando lo entrenes, presta atención al entorno:** he aquí un ejemplo: Carla volvió a casa y se encontró con que le había mordido los zapatos. Se enfadó con el perro y lo mandó a su zona apartada. Esto es un error. En primer lugar, ella no sabía cuándo el cachorro estaba mordiendo. La memoria de los cachorros es muy pequeña. Es probable que lo único que recuerde el cachorro sea a su dueña gritando y sosteniendo un juguete para morder. No se dio cuenta ni entendió que realmente ella estaba enfadada por morder sus zapatos. Entonces, evidentemente, la segunda razón por la que está mal gritar a tu cachorro es porque él no sabe por qué le gritas. Sí, puede que haya hecho algo mal. Pero esto era un desperdicio de energía y es perjudicial para tu

cachorro y vuestra relación. La última razón para evitar los gritos hacia tu mascota es que el cachorro se asustará por tus gritos. Y ya que, al principio de vuestra relación, el objetivo es crear un vínculo con el cachorro y ayudarle a entender que usted es el líder de la manada, digno de confianza y coherente, los gritos no será precisamente la forma más ideal de crear ese vínculo. El miedo no es algo que vaya a acercarte a tu perro ni a mejorar su educación.

Piensa en un momento de tu vida en el que tuviste que seguir a un líder. Imagínate cómo se sentiría si alguien le gritara en una lengua extranjera. Esta no es la mejor manera de crear un vínculo.

La propietaria tuvo toda la culpa en el ejemplo anterior. No protegió su casa y dejó que el cachorro anduviera por ahí sin vigilancia. Estos son dos grandes hechos no recomendables a la hora de educar a un cachorro. A medida que tu perro crezca, tendrá que ser consciente del entorno en el que se le entrena. Lo más probable es que el adiestramiento se realice en tu propia casa, donde tú tienes el control del entorno. Dado que tu perro aún está aprendiendo a centrarse en ti, éste es un buen lugar para comenzar el adiestramiento. Una vez establecido el vínculo, puedes empezar a trasladar las sesiones de adiestramiento al patio o al parque. Esta es una buena manera de aumentar el adiestramiento y de hacer saber a tu perro que debe prestarte atención sin importar la situación.

10. Debes saber cuándo ponerte en contacto con un adiestrador para pedir ayuda: Incluso las personas que están ocupadas pueden crear grandes programas de adiestramiento que funcionen para sus perros. Aunque pueda parecer más difícil, este es un paso esencial si quieres tener una mascota. Sin embargo, a veces los problemas pueden ser demasiado grandes y tendrás que llamar a un profesional. Estas son las situaciones más comunes:

- Ladridos: los propietarios de apartamentos o chalés adosados que tienen casas muy unidas a sus vecinos corren un riesgo especial. Esto es especialmente importante si tu perro o cachorro ladra constantemente mientras estás en el trabajo. Es posible que quieras buscar ayuda profesional en este momento.

- Agresión: la agresividad nunca debe ser algo de lo que te encargues solo. Habla con un profesional sobre el comportamiento agresivo de tu mascota. Tu mascota puede sentirse amenazada. Debes ocuparte de este miedo, ya que puede suponer un peligro para las personas, especialmente para los niños pequeños, si se deja sin vigilancia a tu mascota.

- Saltos: un perro grande que salta hacia ti no es algo que nadie quiera, menos personas desconocidas, con miedo o poco familiarizadas con perros, especialmente si son de raza grande. Este es un problema común en los perros que están emocionados por conocer a gente nueva, pero puede ser peligroso. Un experto puede ayudarte a solucionar el problema y proporcionarte herramientas seguras para que reduzca los saltos. Es más fácil enseñar a tu cachorro el comportamiento correcto que entrenar a un perro adulto para que deje de saltar.

- No le presta atención en general: no es buena idea que un perro te ignore. Esto podría ser una señal de que tu perro no tiene confianza en ti debido a un mal entrenamiento previo. Esto podría también ser una señal de que tu perro tiene problemas de audición. Asegúrate de que realiza una evaluación exhaustiva de tu mascota para asegurarte de que comprendes plenamente sus necesidades para así poder atenderlas adecuadamente.

- Tira de la correa en exceso: incluso después de un adiestramiento intensivo, sigue siendo difícil entrenar a un perro para que camine con la correa, ya que un clásico problema que pueden tener los perros es tirar de su dueño mientras caminan. Es posible que el perro esté demasiado excitado por salir a pasear, igual que sucede cuando salta encima de alguien. El perro puede tener más energía de la que puede utilizar o puede ser temeroso o territorial. Puede pedir ayuda a un profesional para crear un programa de adiestramiento que se adapte a las necesidades de su perro.

- Persigue su propia cola. Esto puede ser peligroso. Un día, un cachorro "descubrirá" su cola y la morderá. Cuando un cachorro es joven, es normal que se persiga la cola algunas veces. Este comportamiento puede convertirse en un problema si se vuelve crónico. Esto podría ser una señal de que su perro tiene ansiedad. También podría indicar que su perro se aburre o necesita realizar más actividades. Puede hacer que su cachorro sea evaluado por un profesional o un veterinario para determinar el mejor curso de acción.

Cada consejo es crucial para el éxito de su adiestramiento. Es importante que recuerdes estos consejos a lo largo de tus sesiones de adiestramiento y a medida que tu perro crezca.

CAPÍTULO 2

CÓMO ENCONTRAR EL PERRO ADECUADO

Un perro puede hacer que tu vida sea más satisfactoria. Piensa en todas las alegrías: la compañía, el amor y las colas agitándose, etc. Vivir con un perro tiene muchos beneficios que mejoran nuestra vida. Cuando pienses en tener un perro, asegúrate de considerar cuál es el mejor para ti. Debes encontrar un perro que sea compatible con tu estilo de vida para que su adiestramiento tenga éxito.

A algunas personas les encanta la idea de que un gran danés esté esperando en su puerta para responder a cualquier llamada. A algunas personas les encanta la idea de que un pastor alemán esté ahí para vigilarlos. Ambos son grandes perros, pero no son adecuados para todo el mundo. Tómate el tiempo necesario para evaluar tu vida y decidir si quiere adoptar un cachorro. Hay que hacerse las siguientes preguntas:

¿Cuánto tiempo necesitaré para adiestrar a mi perro?

Es importante ser realista a la hora de plantearse traer a casa un perro de compañía. Piensa en su vida. ¿Puedes establecer su propio horario? ¿Trabajas muchas horas y no puedes controlar tu tiempo? Debes ser coherente y tomarte tu tiempo cuando inicies un programa de adiestramiento. Tu cachorro es muy atento, por lo que es importante seguir entrenándolo. Es imposible entrenar a tu cachorro en 30 minutos y repetirlo dos días después. No esperes entonces grandes resultados. Es esencial que dispongas del tiempo y los recursos necesarios para entrenar a tu cachorro de forma constante y frecuente. Es conveniente entrenar a tu cachorro a diario, dependiendo de su edad y de su horario. Los cachorros más jóvenes no deberían ser entrenados durante más de 20 minutos. Estas sesiones cortas de adiestramiento son adecuadas para los estilos de vida más ajetreados. Estas clases te permiten establecer un vínculo con tu perro sin dejar de cumplir tu apretada agenda. Siempre puede incluir a una segunda persona en el adiestramiento de tu perro si no dispones de tiempo. Asegúrate de ser coherente con el adiestramiento y de enseñar a tu perro de la misma manera sea quien sea el que le enseñe.

Se necesita paciencia para educar tanto a los niños como a los perros. Ciertamente los niños y los perros tienen necesidades similares. Los perros piensan lo mejor de ti y harán cualquier cosa para complacerte. Deja que tu perro te guíe en cuanto a lo que puede entender y lo rápido que lo hace, ya que algunos cachorros aprenden más rápido que otros. Esto no es culpa del cachorro, es sólo que tarda un poco más en comprender lo que intentas enseñarle y cómo hacerlo. Es posible que notes un perro con hiperactividad o un temperamento más impulsivo. En este caso, es posible que desees añadir sesiones de adiestramiento más activas o explorar el entrenamiento de agilidad. Al igual que los niños, los cachorros son únicos y tienen sus propias inclinaciones. Como adiestrador, tu trabajo consiste en ayudar al perro a superar el aprendizaje con éxito y mejorar vuestra relación. Se necesita paciencia para ser intuitivo y coherente. Siéntete preparado para dar todo lo que puedas. Es importante prestar mucha atención a tu perro y conocerlo. Podrás personalizar las sesiones de adiestramiento con tu mascota si eres capaz de entender su personalidad y sus hábitos.

Esta es una cuestión importante para las personas ocupadas: aunque puedes tener un perro mientras tienes un trabajo a tiempo completo, la tenencia de una mascota supondrá una responsabilidad adicional en tu vida. Considera cuánto tiempo puedes dedicar a su mascota. Todos hemos estado alguna vez en un hogar donde reina el caos. Los niños corren de un lado a otro gritando, la televisión está encendida, los perros ladran y no hay estructura. Esto es una señal de que la persona que dirige la casa no tiene suficiente tiempo para dedicar a su mascota. Los perros necesitan mucha atención individual.

Tu objetivo es construir una relación con tu perro y darle la mejor oportunidad de convertirse en el perro que deseas. Adiestrar a tu mascota requiere tiempo y concentración, así que debes estar preparado para afrontar el reto. Puedes compartir la responsabilidad con otra persona, pero es importante tener en cuenta tus propios horarios y asegurarte de que esa persona está preparada para asumir este compromiso. Debes estructurar tu día para dedicar el tiempo suficiente para establecer la confianza entre tú y tu mascota, aunque des por hecho que sea "tuya".

¿Cómo es tu jornada actual? Sólo tienes aproximadamente 5 o 6 horas de tiempo libre, si trabajas entre las 8 de la mañana y las 6 de la tarde todos los días. ¿Crees que es tiempo suficiente para pasar con tu mascota? Puede que sí, si eres un dueño de una sola mascota. Tu mascota necesitará cuidados todo el día, especialmente si es un cachorro. Esto significa que tu mascota podría necesitar ser cuidada por una guardería para perros o por un vecino. Si tienes la flexibilidad de cambiar tu horario, podrías meter a tu perro en una zona apartada o vallada de la casa cuando no estés disponible y luego cuidarlo cuando sí lo estés.

Este es el momento de ser sincero con uno mismo: puede que te encante la idea de tener un cachorro y toda su ternura, pero ¿realmente eres capaz de dedicar el tiempo y la energía que tienes a tu perro? Para poder pasear y dar de comer a tu perro, probablemente tendrás que levantarte más temprano. Esto puede ser un problema para algunas personas, pero teniendo un perro levantarse tarde no es una opción.

¿Cuánto tiempo puedo pasar en casa?

Esta es la realidad de la vida de la gente moderna. Por tercera vez consecutiva, esta pregunta se plantea de forma ligeramente diferente. Los cachorros requieren mucho trabajo. Tu cachorro es como un niño. Sería un error tener un hijo para luego dejarlo ir y vivir su vida. Tanto los niños como los cachorros pueden suponer una gran diferencia en tu vida, ambos deben ser vistos así. A menudo se considera que la zona apartada o vallada de la casa destinada para ellos cuando tú no estás es la principal diferencia entre ambos. Sin embargo, no es más que una herramienta. Su zona exclusiva no es un sustituto del adiestramiento de su perro y de pasar tiempo con él. Un perro es un compromiso de por vida. Vivirá de 5 a 16 años o más. Puede que tengas que reservar un hueco en tu agenda para las sesiones de adiestramiento, sacarle a pasear o darle de comer. Es importante tener un plan sobre cómo manejar las necesidades de tu perro cuando es nuevo en tu casa. Este es un momento importante en la vida de tu perro, en el que debes ser paciente y dedicarle el tiempo necesario para enseñarle.

Otra pregunta que exige una reflexión sincera es:

¿qué haces durante esas horas si tu cachorro está solo en casa?

Es probable que en tu tiempo libre sientas la necesidad de hacer algo, y eso incluye pasar tiempo con tu mascota. Aquí es donde tienes que preguntarte si estás dispuesto a dedicar tiempo a entrenar a tu perro.

Algunas personas trabajan muchas horas fuera de casa. Quieren poder relajarse en el sofá cuando vuelven a casa del trabajo. Si éste es tu caso, deberías reconsiderar la posibilidad de adquirir un perro. Algunos conductores de larga distancia también llevan a su perro en sus taxis mientras viajan. Esto funciona bien porque paran a menudo para que el perro haga ejercicio y tome aire fresco. Si estás dispuesto a comprometerte, es posible que funcione. Asegúrate de tener un plan para saber qué hacer cuando tu perro o tú volváis a casa.

"¿Cómo serán mis siguientes diez o quince años de vida?" Esto significa que tu mascota te acompañará en los principales cambios de tu vida, como mudarte, tener hijos o casarte. Estos cambios incluirán el cuidado de una mascota. Esto siempre es posible de hacer, pero por supuesto, requerirá cierto esfuerzo.

Ser padre es un gran compromiso y requerirá mucho tiempo, especialmente en los primeros años. Querrás asegurarte de que eres capaz de cuidar adecuadamente de tu mascota. Puedes adoptar tu cachorro en cuanto tengas hijos. Así, tu perro estará entrenado y listo para salir cuando tus hijos tengan una edad adecuada. Aunque tu perro seguirá requiriendo tu atención, aprenderá a acostumbrarse a la rutina que le hayas establecido. Cuando estés pensando en comprar un perro, piensa en el futuro. ¿Qué hará tu mascota en tu vida futura? ¿Cómo puede tu perro prepararse para los grandes cambios de tu vida? Aunque lo más probable es que disfrutes con su perro, asegúrate de que estás preparado para comprometerse.

Pregunta a todas las partes implicadas si van a querer cuidar un cachorro juntos. Prepárate para estar en casa más a menudo, para ocuparte más del adiestramiento del cachorro. Porque, desde luego, el cachorro establecerá un mejor vínculo contigo si estás más tiempo en casa. Es importante dar a tu perro el tiempo y la atención que necesita. Pregúntate qué le pasaría a tu perro si os separarais o si alguien se mudara.

¿Qué pasaría si no pudieras dedicar tiempo completo al adiestramiento y cuidado de tu perro? Aunque nadie quiere que el futuro cambie, es importante tener en cuenta las circunstancias.

Si compartes la propiedad de tu perro, debes asegurarte de que ambos están dispuestos a seguir el mismo programa de adiestramiento. Hay muchas opciones y no querrás confundir a su perro. El adiestramiento de tu perro se basa en la coherencia. Todos los implicados en el proceso de adiestramiento deben utilizar las mismas herramientas y seguir los mismos requisitos.

¿Puedo permitirme tener una mascota?

Las mascotas son caras. Conllevan un gasto mensual de tiempo y dinero en comida, atención veterinaria y alojamiento. El seguro para mascotas puede ayudarte a reducir el coste de los cuidados veterinarios. Si necesitas una urgencia o una operación, este seguro puede ser una gran opción. Debes comparar precios, ya que no todos los seguros son iguales. Un plan completo debe ser lo suficientemente flexible como para crecer con tu mascota. Las primas suelen ser más elevadas para los perros de más edad. Contratar un seguro con antelación puede ayudar a reducir los costes mensuales. También hay que tener en cuenta si tu perro necesitará una pensión o una guardería. Estos costes deben incluirse en tu presupuesto para mascotas. A continuación, considera si te sientes cómodo gastando esa cantidad en tu perro. Es importante saber en qué te estás metiendo al comprar un perro y esto incluye saber cuánto dinero puedes permitirte. Ten en cuenta que los costes de alimentación de las razas grandes pueden ser más elevados que los de las pequeñas. Y más aún si quieres que tu perro coma alimentos orgánicos o una mezcla particular de alimentos. Calcula el coste y determina si es factible para ti y tu plan financiero.

¿Tengo amigos o familiares que puedan ayudarme en caso de emergencia?

Es una pregunta habitual tanto con los niños como con las mascotas. Habrá momentos en los que necesites un apoyo extra en cualquiera de estas situaciones. A veces, incluso el mejor padre o madre de mascotas necesitará ayuda. Un amigo o familiar puede ser una gran ayuda y acudir a tu casa para que tu perro salga a jugar y a hacer sus necesidades. Para saber si tus familiares o amigos pueden ayudarte a cuidar de tu mascota, comenta tus planes para saber si desean asumir esta nueva responsabilidad. Puedes preguntar a tus familiares y amigos si estarían dispuestos a cuidar del cachorro durante unas horas a la semana. Esto es algo que a veces viene bien para las personas superocupadas. Tu cachorro será enérgico y tendrá formas de gastar su energía durante todo el día. No tendrás que preocuparte de que tu perro se meta en problemas por no darle actividades que hacer. La constancia es la clave para que tu perro aprenda más rápido.

Esta es una cuestión importante. Deberías pensarlo bien antes de traer una nueva mascota a tu vida. Recuerda que los cachorros pueden ser enérgicos y a la vez necesitan atención. Puedes pensar que tu perro se entretendrá con otras mascotas, pero ¿y si no quieren? Asegúrate de que a tus mascotas no les molesta la idea de tener un cachorro en casa. Es una buena idea tomar prestado el cachorro de un amigo para ver cómo se adaptan tus mascotas. Es posible que se lleve bien con el cachorro de tu amigo si muerde y coge sus juguetes, sin embargo, puede ser más agresivo o territorial. Esto no significa que no deba tener un cachorro. Simplemente deberás programar el tiempo suficiente para que tu mascotas y el cachorro se adapten al juntos a las nuevas condiciones del entorno.

También tendrás que planificar tiempo para mimar a tus mascotas, para que no se sientan abandonadas. Puede llevar varias semanas, incluso meses, completar esta tarea. Mientras tanto, es fundamental que programes un tiempo regular con sus mascotas.

¿Cuál es mi verdadero objetivo en la relación con una mascota?

Un chihuahua que cabe en una taza de té no es la mascota adecuada si quiere animarse a ser más activo. Un bóxer no es la mejor elección si lo que busca es un compañero que se siente en su regazo y vea la televisión. Antes de decidirte por una mascota, es esencial conocer su estilo de vida y sus preferencias. Una vez que conozca sus preferencias y su estilo de vida, podrá elegir el temperamento adecuado. Sin embargo, tenga en cuenta que cada perro es único y que, aunque una raza sea "supuestamente" de cierta manera, no significa necesariamente que todos los cachorros de esa raza sean exactamente iguales. Aquí la paciencia y la flexibilidad son la clave.

Visite a una protectora o alguien que dé sus cachorros en adopción para conocer a los cachorros y conocerlos. No obstante, ten en cuenta que los cachorros de una misma camada pueden tener personalidades muy diferentes. Si tienes claro lo que quieres, la encargada de la protectora o la dueña de los perros en adopción suele ser capaz de orientarte en la dirección correcta. Te harán algunas preguntas antes de asignarte un cachorro.

La persona que los esté dando en adopción conocerá el temperamento de cada cachorro y podrá recomendarte el mejor perro para usted.

¿Puedes soportar los problemas y la destrucción?

Todos los cachorros muerden. Todos los cachorros tienen o provocan accidentes. Exactamente igual que un niño pequeño puede llorar, mojar el pañal y mancharse la cara de comida mientras come. Así es. Aceptar este hecho antes de nada es mejor que tratar de obligarte a aceptarlo después. Los perros pueden aprender a superarlo con un adiestramiento y una disciplina constantes. Aquí es donde un adiestramiento eficaz puede marcar la diferencia a la hora de reducir los percances y evitar la destrucción. La mejor forma de gestionarlos es eliminando los problemas potenciales. No debes permitir que tu perro alcance sus zapatos. Puedes utilizar un spray de manzana amarga o pimienta si empieza a morder las patas de su mesa.

Con un poco de planificación, se pueden evitar muchos de los problemas a los que puede enfrentarse un cachorro. Requiere voluntad y tiempo, pero es algo que se puede hacer.

Es posible que te imagines a tus hijos jugando en la nieve con su cachorro. Es encantador, ¿verdad? Considera la personalidad de tus hijos. Los niños pequeños son curiosos por naturaleza, y se agarrarán a cualquier cosa. Vigilarlos de cerca y asegurarse de que juegan bien juntos será parte de tu relación. Si tienes hijos mayores, tener un cachorro puede ser una buena forma de enseñarles responsabilidad. Ten en cuenta que, si tus hijos no aceptan esa responsabilidad, el resto recaerá sobre ti. Por mucho que tu hijo no se acuerde, hay que sacar al perro de paseo. Los perros pueden ser una mezcla maravillosa con los niños, siempre que seas consciente de que requerirán toda tu atención.

Una vez formuladas estas preguntas, deberías tener una idea clara del perro que deseas. Hay muchas opciones de razas.

También hay mezclas de razas, originales, inteligentes y únicos. Hay miles de opciones. Tienes miles de opciones. Investiga y encontrarás el más adecuado para ti.

Una vez que tengas las respuestas a estas preguntas, puedes elegir algunas razas que te gusten. Tómate el tiempo necesario para observar sus personalidades y aprender sobre ellas. Es una buena idea encontrar a alguien que dé a sus cachorros en adopción que te lleve a ver a la camada. Haz preguntas al dueño o responsable de la protectora sobre la energía de los perros, sus padres y el adiestramiento que prefieren. Como los perros son únicos, algunas respuestas pueden ser más generales que otras. Cuando busques la mascota adecuada, preguntar a los responsables pueden ser un buen punto de partida.

Pero recuerda que. Aunque haya comportamientos propios o característicos de cada raza, también dentro de cada manada hay diferentes personalidades, al igual que en una familia humana. Todos los cachorros deben ser activos y alegres y lo son de forma natural, pero cuando vayas a adoptar un cachorro intenta seleccionar alguno que no sea hiperactivo, sino más equilibrado y estable, ya que será más fácil de educar y créeme, no le faltará energía ni alegría ni mucho menos, simplemente su energía estará más equilibrada y no será tan complicado de adiestrar.

CAPÍTULO 3

ENTENDER A NUESTRO PERRO

Si estás pensando en adoptar un cachorro, ten en cuenta que la relación con tu perro será diferente a la de cualquier otro. Es fundamental que comprenda lo que tu perro puede hacer y lo que no, para que puedas anticiparte a lo que podría hacer.

Tu perro no es tu guardián

La gente compra razas fuertes con la esperanza de que les protejan y esto es algo con lo que hay que tener cuidado. Los perros más grandes pueden ser territoriales y proteger la casa. Sin embargo, deben entender que tú eres el jefe en todo momento. Tú debes establecer las reglas y luego hacerlas cumplir. La mejor manera de comunicarle esto a tu perro es crear confianza entre tú y él. Tu perro no morderá ni atacará si tú le enseñas y educas y si confías en él sin meterle presión cuando hay algo inusual o potencialmente peligroso. Se relajará y confiará en que tú tienes el control. Por eso es tan importante pasar tiempo con tu perro y establecer una relación estrecha. La agresividad no siempre indica que el perro sea fuerte. La agresividad suele ser una señal de que un perro tiene miedo. El miedo nunca debe ser la motivación de tu perro.

Aprende a reconocer las "señales" del perro

Tu perro envía constantemente un lenguaje corporal para hacer saber a todos los que le rodean cómo se siente. En ocasiones, estos mensajes pueden ser una buena forma de entender lo que está pensando o sintiendo. Estos son los más importantes:

- Excitación: las orejas apuntando hacia delante, la cola tensa como un escorpión y el cuerpo inclinado hacia delante son signos de excitación. Este es el aspecto de su perro cuando observa atentamente una ardilla, un gato u otro animal. Está preparado para perseguirlo. En un momento así, no es lo ideal dar un tirón o acariciar a su perro. Deja que el perro se relaje o distráelo y avisa a los niños que no se acerquen. Los perros en este estado pueden reaccionar bruscamente si sienten que alguien les toca el costado. Aunque no tienen intención de morder, lo pueden hacer por pura excitación.

- Agresividad: los signos de agresividad incluyen gruñidos y ladridos agresivos, abalanzarse sobre los transeúntes, tirar de la correa o gruñir. Todos estos signos indican que tu perro se siente amenazado y que debes alejarlo de esa zona. Esto podría implicar que lleves a tu perro al coche y dejes que se calme. O puede significar que abandones la zona por completo y lo intentes de nuevo más tarde. A medida que vayas conociendo a su perro, podrás detectar rápidamente cuándo es necesario corregirlo.

- Felicidad: los signos de felicidad incluyen un cuerpo relajado, una postura relajada, una cola relajada o en pleno movimiento de lado a lado y reverencias juguetonas. Todos estos signos pueden indicar que tu perro está deseando jugar. Es más probable que esto se note cuando tu perro está fuera de su zona exclusiva, en el exterior de la casa, cuando acabes de llegar del trabajo o durante el tiempo de juego. Puede ser provocado por alguien extraño o por otro perro. Todos estos son signos positivos. Sigue siendo necesario que te comuniques con tu perro, pero un perro tranquilo y equilibrado siempre es algo bueno. Aprenderás mucho sobre tu perro y su personalidad si pasas todo el tiempo que puedas con él.

Sé consciente de lo que tu perro es capaz de manejar

Los perros son como los niños en el sentido de que cada perro es único. El adiestramiento de un cachorro puede no funcionar para otro. Aprenderá más sobre tu perro a medida que lo conozcas. Podrás ver cuánta energía tiene tu perro durante un día llevándolo a la playa o al campo. Esto también forma parte del adiestramiento. Te permitirá saber cuándo tu mascota está muy cansada o pierde la concentración. Debe programar las horas de entrenamiento para cuando su mascota esté más alerta. Esto hará que el adiestramiento sea más eficaz.

De nuevo recuerdo que no debes comparar el proceso de adiestramiento de tu perro con el de otros, ya que, al igual que las personas, cada uno aprenden de diferente forma y a un ritmo distinto. Sé paciente, comprensivo y cariñoso y evita los gritos, castigos y golpes a la hora de entrenar a tu cachorro para construir una relación basada en el afecto y el respeto, no en el miedo y la rabia. Tu perro, mejor que mucha gente, es capaz de notar tus estados de ánimo y energía y si te enfadas con él a menudo, le empujas o gritas o incluso lo golpeas, tu perro perderá la confianza en ti y su aprendizaje se volverá más lento e ineficaz y puede que algún día se escape o te muerda como consecuencia del miedo. Además, un perro no es un esclavo ni un empleado ni un robot. Es un ser vivo que siente y padece, que siente alegría y da cariño y desea recibirlo también. Es un auténtico regalo que debemos de saber valorar y tratar como se merece. Así que cada vez que haga algo que no te guste, rompa o muerda un sofá o se haga pis en medio del salón, recuerda que, aunque no lo parezca, es un bebé. Nunca pegarías a un bebé ¿verdad? Seguro que no. Entonces, piénsalo dos y tres veces antes de ponerle la mano encima a tu pequeño porque le dolerá, física y emocionalmente, y le alejarás de ti y además, ni mucho menos conseguirás enseñarle nada de malas formas.

CAPÍTULO 4

EL ADIESTRAMIENTO ADECUADO

Estas son algunas de las cosas de las que oirás hablar a la hora de adiestrar a tu perro. La mayoría de estos productos se comercializan para ganar dinero. Pueden ser muy eficaces. Hay muchas herramientas de adiestramiento por ahí que pueden ser divertidas y ofrecen algunas ventajas a la hora de educar correctamente a tu cachorro. Pero realmente lo esencial que necesitas es mucho menos.

He aquí algunas cosas que debes saber a la hora de adiestrar a tu perro.

Un collar

Usa una cinta métrica antes de comprarle nada, esa es la mejor manera de encontrar el collar perfecto. Para obtener la longitud adecuada, mide el cuello de su perro. La regla general es que deben sobrar dos dedos. Si te caben dos dedos entre el collar de tu perro y su cuello, entonces, es una buena longitud.

Los collares de las tiendas de animales están organizados por longitudes. Además, en las tiendas de animales encontrarás muchos collares bonitos para tu mascota. Puedes elegir entre una gran variedad de estilos, incluidos los que tienen dibujos o collares ajustables. Hay muchas opciones. Dado que tu cachorro crecerá rápidamente, un collar ajustable es la mejor opción.

La constancia es importante, así que asegúrate de utilizar el mismo collar a largo plazo. Habrá cierto debate sobre los collares electrónicos y los collares anti ladridos. Estos collares pueden controlarse a distancia y enviar una vibración a tu perro si no estás de acuerdo con un comportamiento suyo o para evitar que se escape. Realmente estos collares no son necesarios, ni para los cachorros ni para los perros mayores. Un collar de nylon normal se puede utilizar para entrenar adecuadamente a tu perro. Un arnés podría ser mejor para tu perro si éste tira del collar o es un "perro travieso", así evitaremos que se ahogue en exceso si tira de nosotros. Mantén el collar de tu perro bien sujeto. El collar es ideal para los cachorros a los que les encanta morder. Huele como usted y su perro, por lo que será uno de sus juegos favoritos. Puedes mantener el collar de tu mascota puesto cuando se quede solo o mantenerlo lejos de su alcance para que no lo muerda mientras no puedas vigilarlo.

Una correa

De nuevo, lo mejor es la sencillez. Habrá muchas opciones, así que asegúrate de estar preparado para buscar entre todas ellas. Las correas retráctiles son una opción popular para algunas personas, pero pueden no ser adecuadas para los perros más jóvenes. Tu cachorro debe aprender a caminar contigo, no detrás o delante de ti. Esto forma parte de una estructura de manada y tu perro o cachorro debe aprender a cumplirlo.

Es conveniente que tu perro esté lo más cerca posible cuando comiences el adiestramiento. Una buena correa de 2 metro es más que suficiente. Hay correas que no tienen collares y se sujetan al cuello de su perro con un arnés. Estas también están bien. Puedes quitarle el arnés cuando termines de pasear o entrenar. Ten en cuenta que a tu cachorro le puede encantar morder la correa, así que asegúrate de que no la utiliza. Antes de comprar, asegúrate de probar la longitud de la correa en la tienda. Tu cachorro debe estar cerca de ti, pero a la vez ser capaz de caminar cómodamente contigo.

Su zona reservada de la casa

Esta es una cuestión controvertida. A algunas personas no les gustan las zonas valladas para su cachorro porque creen que limitan la libertad del perro o son restrictivas. Creen que las vallas pueden aislar al perro de su dueño y hacer que se sienta solo. Esto es falso. Los perros son animales de manada, pero necesitan su propio espacio. Con la compra de una pequeña valla, estás regalando a tu perro su lugar. A medida que tu perro crezca, notarás que a menudo se retirará a su zona vallada para "relajarse" y descansar de estar jugando con los miembros de la familia. Este comportamiento es normal. En realidad, es una señal de que tu cachorro entiende el propósito de la zona vallada y la acepta como su "habitación". Las zonas exclusivas o valladas son una necesidad para los cachorros. Tu cachorro se quedará solo en casa cuando no estás presente. Imagina todas las cosas que tu cachorro podría destruir. Las bocas de los cachorros son un arma en potencia. Es importante que vigiles a tu cachorro en todo momento para poder identificar sus comportamientos destructivos, pero habrá momentos en los que no sea posible, he ahí la importancia de la zona vallada dentro de tu casa. Si tu cachorro siempre va corriendo a la basura, podría ser un indicio de que tiene un problema y no podrás evitarlo cuando crezca. Las pequeñas vallas mantendrán a tu cachorro a salvo de la tentación de tirar la basura a la papelera. La seguridad de tu cachorro también está garantizada por una zona apartada. Imagina que unos diminutos dientes en forma de aguja se clavan en los cables de los electrodomésticos. Esto no sólo puede causar daños a su perro, sino que también puede causar daños por un alto valor. Una zona apartada exclusiva para tu perro es una inversión que merece la pena.

Cama

Hay muchas opciones. Tu perro debe tener un lugar cómodo para dormir. Cuando es joven, estará su zona exclusiva al quedarse solo. Sin embargo, a medida que se hace mayor, el perro puede encontrar un lugar mejor. Hay tres tipos de camas: camas nido, camas de descanso y camas de apoyo. Tu principal preocupación para un cachorro es encontrar una cama cómoda que no intente morder. Esto no sólo le obligará a comprar camas nuevas, sino que también puede hacer que su perro se ahogue con el relleno. Algunas personas colocan una toalla mullida dentro de la zona exclusiva de su mascota en lugar de ropa de cama. Otros ponen un poco de relleno dentro. Todo depende de ti y del temperamento de tu perro. Es posible que no quieras que tu cachorro muerda los objetos de la jaula si es un mordedor persistente. Verás que tu perro aprenderá a confiar en la zona vallada como un lugar seguro para relajarse.

No debes dejar a tu perro solo en su zona durante demasiado tiempo. Puede aburrirse e incluso empezar a ser destructivo. Es fundamental que tu perro pueda descansar de su zona exclusiva al menos una vez al día, para que pueda utilizar parte de la energía almacenada en ella.

Puedes traerle dos o tres juguetes y mejor si son de diferentes texturas o materiales. Te sorprenderá la cantidad de juguetes que puedes encontrar en una tienda de animales. Es fundamental encontrar el adecuado si quieres que te dure. Hay muchos juguetes que dicen ser a prueba de mordiscos, pero muy pocos lo son. Antes de saber qué juguetes son seguros para tu perro, probablemente pasaréis por varios juguetes juntos. Es normal que tu cachorro utilice unos cuantos juguetes cada mes. Tu cachorro sólo debería tener dos o tres juguetes. No 20-30. Tu perro debería ser capaz de distinguir qué juguetes son suyos y cuáles no, porque puede ser difícil para los perros pequeños distinguir entre tus zapatos y los juguetes. Está acostumbrado a coger los juguetes y morderlos. Tu cachorro podrá ver que sólo tiene dos o tres juguetes a la vez, así sabrá qué puede hacer con ellos. Elige juguetes que se ajusten a las necesidades de tu perro. Los juguetes para perros más grandes durarán más porque son más resistentes. Esto reducirá los riesgos de que pueda pasar cualquier accidente con tu mascota, ya que es fácil tragarse un juguete pequeño que esté en la boca de un perro grande. Ten en cuenta los hábitos de juego de tu perro cuando se trata de juguetes. A los perros les encanta jugar con juguetes que chirrían. A menudo los abren y agarran el chirriador. Si tu mascota no está vigilada, estos juguetes pueden tragarse fácilmente. Asegúrate de saber qué juguetes pueden causar daño y mantén a tu mascota alejada de ellos cuando usted no esté presente.

Golosinas

También tienes muchas opciones en lo que respecta a las golosinas. Es posible decidir de antemano qué golosinas vas a utilizar. Puedes darle a su perro la pista y mostrarle lo que le gusta. Presta atención al tamaño de las golosinas para mascotas ya preparadas. Es conveniente que sean blandas y que requieran poca energía para masticar. No querrás que tu perro se vea obligado a masticar golosinas duras mientras está entrenando. Es importante que tu cachorro pueda comer, disfrutar y amar rápidamente las golosinas para que quiera volver al entrenamiento con ganas.

Ten en cuenta las calorías si compras las golosinas en una tienda de animales. Todas las golosinas para mascotas vienen con una guía de contenido de calorías y grasas impresa en el reverso. El veterinario te aconsejará sobre el peso adecuado para su mascota y cuánto puede aumentar. Es posible que tengas que cambiar de marca si observas un aumento de peso significativo. También hay marcas que utilizan ingredientes naturales y no contienen rellenos. Las golosinas no deben superar el 10% de la ingesta calórica diaria de tu perro. Si tienes tiempo, puedes encontrar deliciosas recetas que puedes hacer en casa y que son de origen vegetal. Habla con tu veterinario sobre las mejores opciones de tratamiento para tu mascota. No obstante, ten en cuenta que el objetivo final de su adiestramiento es conseguir que su mascota deje las golosinas y utilice el refuerzo positivo.

Puedes comprar muchas más herramientas de adiestramiento, pero éstas son las esenciales para conseguir que tu perro siga un programa de adiestramiento.

CAPÍTULO 5

EL TRABAJO Y LAS MASCOTAS

La gente que trabaja también quiere perros. Aunque es estupendo tener un gato como mascota y ahorrar tiempo, algunas personas prefieren los perros. Por supuesto puedes y debes ayudar a tu cachorro a adaptarse a tu horario de trabajo. Poco a poco se acostumbrará a tu ritmo de vida y sobre todo a tus ausencias. Entre las diferentes formas de hacer este proceso más llevadero para tu mascota, están las siguientes:

- Puedes contratar una guardería para perros. Es cara, pero es ideal para que tu perro continue su educación y socialización mientras tú no estás presente. En preescolar se enseña a los niños a socializar, relacionarse y jugar con otros niños. La guardería para perros no es diferente. Durante todo el día, tu mascota podrá pasar tiempo con otros perros. A menudo tendrá varios momentos de juego con otros perros en el exterior, si el tiempo lo permite. Podrá socializar con otros perros, lo cual es una gran oportunidad para él. También podrá interactuar con otros perros de diferentes tamaños y temperamentos. Es un gran lugar para entrenar a tu perro y así verás después lo diferente que es cuando lo lleves al parque. Le resultará mucho más fácil integrarse en el grupo y divertirse.

- También puedes hacer que alguien vaya a tu casa y juegue con tu perro. Puedes pedir a un amigo, a un familiar o a un vecino que vaya a tu casa a jugar con él. La persona podría entrar y traer también a su mascota un rato, y dejarles jugar juntos. Esto es estupendo para los miembros mayores de la familia y los más jóvenes.

- Además, puedes encontrar servicios en línea que irán a tu casa y sacarán de paseo a tu mascota. No es necesario hacerlo todos los días, pero puede ser un magnífico capricho para tu perro poder hacer esto unas cuantas veces por semana. Es una gran oportunidad para llevar de paseo a tu perro, continuar con su adiestramiento y añadir algo de socialización a su día.

- En cuarto lugar, puedes considerar la posibilidad de adoptar un perro mayor. Los perros mayores suelen ser más tranquilos que los más jóvenes o los cachorros. Es más probable que sepan lo que necesitan y no causen problemas cuando se les deja solos. Aún así, tendrás que conocer a tu perro, pero ésta puede ser la mejor opción si estás ocupado y no tiene tiempo o paciencia para entrenar a un cachorro. Los perros mayores son grandes compañeros y, al contrario de lo que dice el refrán, se les puede enseñar nuevos trucos igual que a los perros jóvenes. Están deseosos de complacer, aunque les lleve más tiempo.

Utilice su zona reservada: sé realista en cuanto al tiempo que tu perro pasa en la zona vallada. Si tu mascota ha estado en su sitio durante seis horas consecutivas, es probable que se muestre enérgico durante al menos unos momentos antes de que te deje marchar. Esto es normal. Si tu perro pasa más tiempo en su zona, deberías incorporar el entrenamiento de agilidad o un entrenamiento más intensivo. Los perros aburridos pueden ser destructivos. Además, cuando tu perro ha descargado su energía y lo ha pasado bien contigo, estará muchos más relajado cuando tengas que abandonar la casa. Esto será importante sobre todo en el primer año y medio de vida de tu mascota, cuando debe adaptarse y comprender tu ritmo de vida y poco a poco irlo aceptando.

Cuando abandonamos la casa y dejamos a nuestro perro allí solo, es normal que nos quedemos intranquilos, sobre todo al principio. Nuestro perro es un cachorro y aún necesita de nuestros cuidados más atentos y del máximo de nuestro tiempo. Además, es todo un placer poder disponer de ese tiempo para pasarlo con él, jugar juntos y adiestrarle todo lo que puedas para mejorar vuestra convivencia futura y también su relación con otras personas o perros desconocidos. Pero, inevitablemente, la mayoría de nosotros tendremos que ir a trabajar fuera de casa y dejarle solo. Por eso, en los capítulos anteriores y en este en concreto, te damos una serie de técnicas y opciones para que decidas cuál es la mejor para él.

Hay personas que no están a favor de la zona vallada de la casa para ellos y a otras, sin embargo, les parece una fantástica idea. Por eso, prueba y decide cuál sería para ti la opción más adecuada y efectiva para dejar a tu cachorro solo en casa y que ocasione el mínimo de daños.

Una zona vallada no significa encerrar a nuestro perro ni mucho menos, sino más bien darle su espacio con sus juguetes, huesos, cama, etc, para que él se sienta a gusto mientras no podemos acompañarle y así reduzcamos las posibilidades de que muerda nuestros muebles, zapatillas, rompa algo o incluso se haga daño mordiendo algún cable o tirando cualquier cosa y que le pueda golpear o caer encima. La zona vallada o zona exclusiva de nuestra mascota es por la seguridad de nuestra casa y por la de nuestro amado cachorro. Piénsalo bien antes de decidirte por una opción, valora los resultados y así podrás saber si hiciste la decisión más correcta para la salud y felicidad de tu pequeño peludo.

CAPITULO 6

LA EDAD ES MUY IMPORTANTE PARA TU

CACHORRO

Cuando entrenes a tu cachorro, ten en cuenta que la edad es importante. La mejor manera de sacar el máximo partido al adiestramiento es trabajar con tu cachorro en cada etapa de su crecimiento. Esto es un resumen de lo que puedes esperar:

Desde el nacimiento hasta las dos semanas de edad: a esta edad, tu cachorro tendrá sentido del tacto y del gusto. Esto es todo. Esta es la etapa en la que tu cachorro recibirá lo que necesita de su madre y sus compañeros de camada. Su desarrollo y crecimiento dependen de la relación que tenga con estos estímulos externos. Si un cachorro no tiene madre, se le asignará un sustituto humano. Las investigaciones demuestran que las interacciones entre los cachorros en esta etapa son cruciales porque ayudan al desarrollo muscular, la coordinación y la interacción social. Aquí es donde los perros desarrollan de forma natural sus habilidades sociales con otros animales. Es similar a la forma en que un bebé parece no hacer mucho cuando está en la cuna. En realidad, el bebé procesa millones de bits de información cada minuto. Los estudios han demostrado que los bebés procesan más información que los adultos. Un cachorro también puede experimentar este mismo nivel de aprendizaje. Aunque los cachorros no estén haciendo mucho, sus cerebros están disparados a toda velocidad cuando se trata de aprender sobre el mundo. Es importante que sus madres reciban la nutrición correcta o que un sustituto alimente al cachorro con la fórmula adecuada. Esto ayuda a proporcionar los nutrientes que necesitan para su trabajo cerebral. Este trabajo cerebral les ayudará a vivir una vida larga y satisfactoria.

Esta es la razón por la que tu perro pasa el día y luego se queda dormido en un sueño profundo. Esto se debe a que puede caminar y abrir el ojo. Imagina que un día pudieras tener esas habilidades. Probablemente te encantaría pasar todo el tiempo posible mirando a tu alrededor y maravillándote con toda la belleza que te rodea. Te gustaría poder moverte y verlo todo con tus piernas. Este es el asombro que experimentará tu cachorro durante los próximos años. Es probable que necesite más nutrientes que la leche materna en esta etapa de su vida. Comenta con tu veterinario cuáles son las mejores adiciones y ve introduciéndolas poco a poco en la comida de tu mascota. Recuerda que la progresión y la constancia ganan la carrera cuando se trata de cachorros. Lo mismo ocurre con la comida. Esto se aplica también si piensas cambiar el pienso de tu cachorro o perro adulto. Es importante introducirlo lentamente y mezclándolo con su pienso anterior para que el sensible sistema digestivo de tu perro pueda adaptarse.

- De las cuatro a las doce semanas de edad: esta etapa es tan crucial como la otra para tu cachorro. Empezará a comer alimentos sólidos a las cuatro semanas. Esto significa que la actividad de tu cachorro aumentará, será más activo que nunca. Esta es una etapa crucial en el desarrollo de tu perro. Aprenderá cómo son los comportamientos de otros animales, lo que le ayudará en su adiestramiento. Tu cachorro empezará a procesar el mundo que le rodea cuando cumpla cinco semanas. Así que es importante que tu perro tenga un contacto frecuente y cercano con su adiestrador, su dueño y cualquier otro animal. Las investigaciones demuestran que las experiencias positivas aprendidas de la quinta a la séptima semana de vida de tu cachorro formarán parte de su comportamiento durante toda su vida. Es la base de la personalidad de tu perro, así que asegúrate de prestarle atención.

Es probable que la persona que te dio a tu pequeño haya pasado una parte del período de cuatro a doce semanas con su él. En algún momento, el perro pasará a tu cuidado. Esta etapa suele denominarse fase de "transición" debido a los numerosos cambios que experimentaréis tú y tu cachorro. No es necesario que socialices a tu cachorro si está con sus compañeros de camada durante la mayor parte de este periodo. Deberías tener un horario para socializar a tu cachorro antes de asumir la responsabilidad a tiempo completo. Para obtener más información sobre este aspecto del adiestramiento, consulta esta tabla de tiempos. Esta etapa es crucial porque tu cachorro estará expuesto a influencias externas. Los niños, las mascotas, los ancianos, los niños y otros animales son todos adecuados para esta etapa. Cada vez que tu mascota se adentre en nuevos entornos, querrás estar a su lado, así que tómatelo con calma. Es una buena idea introducir una de estas situaciones dos veces por semana.

- De doce semanas a seis meses de edad: esta es una parte del desarrollo de tu cachorro que puede compararse con el envío de un niño a la escuela primaria. Tu perro recibirá la influencia de otros cachorros. Seguirá buscando su lugar en la jerarquía de dominación y sumisión. Este es un momento crucial para él. Puedes corregir cualquier comportamiento no deseado una vez que tu perro alcance los tres meses. Supongamos que tu cachorro intenta dominar a otros en el parque para perros. Este es el momento adecuado para trabajar con tu cachorro para que se dé cuenta de que esto es inaceptable. Puedes darle un pequeño toque en el lateral de su ingle empujándole con dos dedos para que cese en su comportamiento. Cuando pare de actuar de esa forma, recompénselo con caricias o alguna chuchería. Puedes considerar la posibilidad de llevar a tu perro al parque canino más a menudo, para que pueda aprender lo que puede hacer y lo que no.

Si tu cachorro es tímido o inseguro, puedes empezar a exponerlo a cosas nuevas y permanecer a su lado. Podrás darle a tu cachorro la seguridad de que estás ahí y de que aún puede adaptarse a un nuevo entorno. Esta es una parte de la vida de tu perro en la que está aprendiendo de las cosas que le rodean. ¿Recuerdas cómo aprendía cosas nuevas durante su etapa anterior? Tu cachorro ya conoce los fundamentos de cómo desenvolverse en situaciones nuevas. Este es el mejor lugar para empezar a corregir a su perro y ayudarle a desarrollar las habilidades que usted desea. Ya es lo suficientemente mayor para entender las correcciones y el refuerzo positivo. Aunque debe seguir entrenando, es más probable que su perro retenga las correcciones y el refuerzo positivo que usted le proporcione. Esto es una buena señal de su duro trabajo. Su cachorro será capaz de decirle lo que funciona y lo que no. Algunos cachorros sobresalen en el adiestramiento a primera hora de la mañana. Están ansiosos por empezar y conquistar el día. Algunos cachorros prefieren dormir, comer y hacer caca por las mañanas, y luego su gran energía se dispara hacia la hora de comer. Es una de las mejores cosas de tener una mascota: poco a poco aprendes sus rasgos de personalidad y empiezas a apreciarlos.

- De los seis a los 18 meses: tu cachorro se encuentra en esta fase de desarrollo, conoce a su manada o compañeros de juego y ha desarrollado buenos hábitos. Puedes observar estos hábitos y ayudar a reforzar los positivos, mientras eliminas los negativos. Es posible que tu perro te desafíe más si no estás familiarizado con la estructura de una manada. Esto es normal.

Es posible que tu cachorro aún esté probando su "juego" de dominación. Haz saber a tu cachorro que eres el líder, mostrándole qué comportamientos son correctos y cuáles no con tu actitud y recompensas positivas. Podrás ver lo que funciona para tu mascota cuando haya pasado medio año con ella. Es importante que lo sepas. También aprenderás sobre su rutina diaria.

Por ejemplo, algunos cachorros tienen tendencia a ponerse demasiado enérgicos por la noche. Como tu cachorro no sabe cómo utilizar esa energía, es un buen momento para que le impidas cometer conductas destructivas. En su lugar ¡entrena a tu cachorro! Educa a su perro para que canalice esa energía en acciones positivas que le beneficien a él y a usted. Sí, por ejemplo, está mordiendo un mueble, dale uno de sus juguetes para que se desquite con él. De esta forma canalizamos su energía destructora y desviamos la atención del mueble, a la vez que le mostramos qué cosas puede morder y cuáles no.

Tu cachorro es capaz de aprender nuevas habilidades. Puede hacer mucho más a los seis meses que a los tres. También puede hacer mucho más a los 18 meses que a los seis. Es importante ser consciente del estado de desarrollo de tu cachorro y trabajar con él. Tu cachorro crecerá y también lo hará tu relación con él. Utiliza esta información para crear el mejor programa de adiestramiento para tu perro y también para comprender que tu pequeño tiene su ritmo propio y no tiene porqué ajustarse exactamente al ritmo de aprendizaje de otro perros. Puede aprender más rápido o más lento y no por eso significa que no estés haciendo grande avances. Ten paciencia y visualiza el objetivo final, que no es otro que la felicidad de tu perro y la tuya, siendo capaces de convivir juntos y con otro perros y personas sin problemas ni sobresaltos.

CAPÍTULO 7

CONCEPTOS DURANTE EL ADIESTRAMIENTO

Si eres nuevo en el adiestramiento de perros, hay algunas cosas que debes saber. Éstas son las diez principales órdenes y la información más importante sobre cuándo deben introducirse en su programa de adiestramiento. Esta lista proporcionará una guía para que los adiestradores ocupados utilicen cada orden, y las etapas que deben seguirse para el refuerzo.

Nombre de tu perro

Esta será la sesión de adiestramiento más adorable que tendrás con tu perro. Pon un nombre a tu perro. Puedes elegir el nombre de tu perro en honor a un ser querido o a su personalidad. No importa lo que sea, debe mantenerse separado de las órdenes. Algunos adiestradores pueden utilizar el nombre del perro como forma de decir "ven aquí". Sin embargo, esto no siempre es una buena idea. Los nombres no deben utilizarse para llamar la atención de tu perro. Una vez que haya decidido un nombre para su perro, es hora de que lo conozcas.

Supongamos que tienes a Rita, una perra. Quieres que Rita esté bien adiestrada, debe ser capaz de concentrarse en ti y permanecer quieta y callada, pero no desesperes, aprenderá a concentrarse en ti cuando llegue el momento adecuado en su adiestramiento. Tu perro responderá inmediatamente si dices su nombre. Repite su nombre cada vez que le llames, hazlo varias veces al día para cualquier acción u orden que le desees comunicar. Pronto enseñarás a tu perro que Rita es su nombre. Si se concentra en ti, recibirá un premio. Pronto se dará cuenta de que su nombre es lo que tú utilizas para llamar su atención y de que prestarte atención es algo positivo para ella.

Aunque puedes ir dejando de darle golosinas poco a poco, lo mejor es utilizarlas al principio de las sesiones de adiestramiento para ayudarle a entender lo que quiere decir. Será una alegría para ti cuando veas a tu perro responder a su nombre. No tardará mucho en hacerlo, ya que lo repetirás a menudo. Pronto Rita acudirá a su llamada sin ningún problema. Ella entenderá que quieres decirle algo cuando dices "Rita" y que debes prestarte atención cuando tú lo digas.

"Buen perro"

Después de haber enseñado a tu perro su nombre, querrás que frases como *"buen perro"*, *"buen chico"*, *"¡muy bien!"*, se conviertan en una parte cotidiana del entrenamiento. Los elogios a tu perro son una de las cosas más importantes que puedes hacer por él y por vuestra relación para afianzar la conexión y mejorar su evolución en su adiestramiento. Las palabras positivas serán más eficaces que las negativas, ya lo verás. Las palabras negativas también pueden perjudicar la relación y la conexión de una persona con su mascota. Es fundamental establecer una buena relación con tu perro al principio. Es entonces cuando querrás entrenar a tu perro y generar confianza. Esto creará una relación de tipo familiar en la que os apoyaréis mutuamente. El proceso puede acelerarse utilizando palabras y tonos positivos. Tienes que sentir que tu perro hará lo que tú le pidas. Un perro que ha sido apartado de su manada, ya sea de su camada o de otro hogar, empezará inmediatamente a buscar un líder. Este papel puede ganarse trabajando individualmente con tu perro, elogiándolo positivamente y entrenándolo. Tu perro será capaz de verte como el líder y buscará en ti la dirección a seguir. Pronto aprenderá que el despertador suena y que es hora de salir. Comerá cuando vuelva a casa y llegue a la cocina. Entonces él va a su zona exclusiva y tú te vas. Vuelves a casa y se repite el proceso de salir. Vuelve más tarde en el día para darle de comer y realizar una sesión de adiestramiento. Seguirá haciendo las cosas buenas que tú le recompenses, ya sea con caricias, tonos alegres y cariñosos o chucherías. Tu perro siempre estará deseando aprender más y pasar más tiempo con su adiestrador debido al estado de ánimo positivo.

"Siéntate"

Esta es otra orden importante que es fácil de enseñar. Durante el adiestramiento, llama la atención de su cachorro. Utiliza un tono firme, pero agradable, cuando digas *"siéntate"*. Lo más fácil es acercar una golosina a su nariz. Inmediatamente olerá la golosina e intentará lamerla. Mueve tu mano suavemente por encima de su cabeza, pero no demasiado. Tu perro responderá naturalmente a la golosina. La quiere. Su nariz seguirá tus movimientos cuando mueva la golosina. Cuando se siente, dale la golosina, acaríciale y dile *"¡muy bien!"* o la frase que desees. Esto sólo será necesario unas pocas veces. Tu cachorro siempre seguirá su golosina, sin importar dónde esté colocada. Las golosinas pueden ser una gran herramienta, especialmente para los perros que son nuevos en la manada. No te desanimes si tu cachorro no lo entiende enseguida. Algunos perros lo entienden rápido, mientras que otros no. Todo depende de cómo se comporte tu perro. Los perros son rápidos por naturaleza y se esfuerzan por aprender cosas nuevas.

Si puedes trabajar con los movimientos naturales de tu perro cuando le enseñes órdenes, será más fácil. Haz que siga la golosina para tumbarse, girar, seguirte de cerca, etc. Para enseñar a tu perro una orden, puedes utilizar la orden *"ven"* para que deje momentáneamente su comida. Ya estás viendo que se abalanza sobre ti cada vez que quiere comer así que ¿por qué no aprovechar esta oportunidad para entrenarlo? Practicar algunas órdenes y trucos durante este momento te ayudará a adiestrar mejor a tu perro y te facilitará el trabajo y la convivencia de ahora en adelante.

"No"

Es natural querer enseñar a tu perro la orden "no". Tu tono puede marcar una gran diferencia cuando se trata de esta orden. Es importante utilizar diferentes tonos al entrenar a Tu perro. Utiliza un tono agradable cuando llame a tu perro por su nombre. También usa un tono alegre cuando elogies sus logros. Gran parte de la comunicación, sobre todo al principio, se producirá con los tonos y el lenguaje corporal, más que con las palabras. A medida que tu perro aprenda a confiar en ti y en tu lenguaje corporal, también será capaz de descifrar lo que quieres decir. Sé firme y claro al decir *"no"*. No envíes un mensaje confuso. Si tu perro quiere morder una planta, y tú le dices *"no"*, tienes que quitar la planta del alcance de tu perro o decirle *"no"* cada vez que intente tocarla. No es buena idea imponer una regla al perro una vez y olvidarla tres veces más. Después, intenta que funcione de nuevo la siguiente vez. La coherencia es la clave para obtener los resultados deseados. Rápidamente se hará evidente para él que sólo tiene dos opciones cuando se trata de comportamientos. Puedes entrenar a tu perro de forma consistente para que los evite o eliminarlos completamente desde casa. Debe estar atento a su comportamiento y corregirlo si muerde una planta o mueble en particular. Puedes rociar la zona que quieres que tu perro evite con un poco de pimienta, pero es posible que a tu perro igualmente no le importe.

"Ven"

Esta orden es estupenda para aprender y no será difícil de dominar si tienes las herramientas adecuadas. De nuevo isaca tus deliciosas golosinas! Si tu perro te ve como su líder, acudirá a ti de forma natural. Intenta siempre que el espacio sea acogedor. ¿Cómo puedes conseguirlo? Con cariño, entusiasmo y muchas golosinas. Muévete a un rincón alejado de tu perro durante el entrenamiento. Primero, llama a tu perro por su nombre y luego di *"ven"* o *"ven aquí"*. Depende de ti si hace esto. La regla general es empezar con lo básico, tu voz y su adiestramiento. Si tienes problemas, puede utilizar herramientas alternativas para obtener los resultados deseados. Dale a su perro una golosina y acarícialo cuando venga. Haz algún ruido si tu perro se distrae. Puede hacerlo tocando el suelo y diciendo *"ven"* otra vez. Para llamar la atención de tu perro, haz lo que sea necesario. Es probable que esto no le lleve demasiado tiempo a tu cachorro. Él disfruta con su adiestramiento.

Cuando tu cachorro tenga entre dos y cuatro meses, practica el ejercicio de *"ven"* en casa. Prueba entonces en el rellano o dentro del portal si es capaz de hacerlo. Si tu cachorro es capaz de hacerlo entonces, puedes intentarlo en el parque. Tu cachorro debe aprender a venir sin importar dónde se encuentre. Tu perro debe ser capaz de oír y responder a las órdenes, independientemente de que haya perros, coches, niños u otras personas. Debes aumentar gradualmente el adiestramiento en diferentes entornos para asegurarte de que tu perro entiende que debe hacerte caso independientemente de dónde se encuentre.

Caminar con la correa correctamente

Cuando los dueños de los perros llevan a su perro con la correa, éste tira y hace fuerza. Puedes sentir que el perro se está ahogando porque tira mucho. Algunos dueños suelen entonces tirar hacia atrás y gritar el nombre y la orden a su perro. Esto no funciona. Es un error. Hay que empezar despacio cuando se camina con la correa. Esto es igual a como se hace con otras órdenes. Una vez, tuve que entrenar a un cachorro que estaba aterrorizado por la correa. Funcionó bien dejar que la perra corriera con el collar y la correa mientras yo la sostenía. Una vez que se sintió más cómoda, pude sujetar la correa y dejarla caminar por la casa mientras se acostumbraba. Todas las herramientas que utilices para ayudar a tu perro deben ser cómodas. A veces, esto puede llevar más tiempo. Si es así, la paciencia será la clave. Los perros son únicos y pueden tardar más en aprender cosas nuevas que otros.

Una vez que tu mascota se sienta cómoda con el collar y la correa, puedes ponérselo y pedirle que se siente o se ponga de pie junto a ti. Comienza el adiestramiento con la correa en un lugar que tenga pocas distracciones. Puedes utilizar una habitación libre, la cocina o un pasillo sin muebles para empezar a entrenar a tu perro con la correa. Es importante eliminar las distracciones del entrenamiento de su perro. Una vez que hayas dominado los aspectos básicos, puedes pasar a lugares más difíciles o a zonas con más actividad. Empieza por enseñar a tu perro a sentarse. Empieza por enseñar a tu perro a sentarse a su lado izquierdo en paralelo a su pierna. Puedes corregir la forma de tu perro a medida que crece, aunque ten en cuenta que un cachorro puede ser un poco descuidado. Una vez que tu perro esté en la forma correcta, puede utilizar la orden "vamos" para indicarle que es hora de moverse. Divide la correa en dos mitades usando las dos manos: una mitad desde tu mano principal, la más alejada de tu mascota y por donde agarras el extremo de la correa, hasta tu mano más cercana a tu perro, donde sujetarás ligeramente la correa por la mitad exacta, así tendrás mayor control sobre tu perro y la correa.

Empieza a caminar con el pie izquierdo hacia delante, girando y volviendo hacia atrás al punto de partida. No le des ninguna orden. Una vez que llegues al final, que debe estar a una distancia de entre 3 y 4 metros, da la vuelta para volver a empezar. Utiliza las mismas pautas y órdenes coherentes cada vez que "reinicie" el ejercicio.

Sí durante el ejercicio, tu perro tira de la correa o se para en exceso de ti, párate y dile que se siente. Cuando lo haga, acaríciale y dile *"muy bien"* o *"buen chico"*. Repite este proceso todas las veces que sean necesarias durante el aprendizaje hasta que finalmente lo comprenda y deje de tirar de la correa.

Una vez que tu mascota sea capaz de caminar en línea recta, puedes pasar a trabajar en un área más grande y girar. Tu mascota debe prestar atención a la dirección en la que se mueve. Si te mueves hacia la derecha, debe seguirte. Lo mismo ocurre si vas hacia la izquierda. Si vas hacia la izquierda, debes utilizar su pierna izquierda para guiar suavemente a su perro. Una vez que tu mascota se sienta cómoda caminando con la correa, puedes aumentar la dificultad. He aquí un ejemplo:

Mientras practicas en tu patio, haz que tu perro se pare junto a ti. Sin decir nada, te pones en marcha. Los dos seguís y veis una ardilla. Es posible que tu perro pierda el interés en ti y en su correa, y empiece a correr en dirección a la ardilla. Puedes coger las golosinas y colocarlas delante de la nariz de tu perro y le dices *"mira"* o *"toma"* para que te mire. Esta orden directa, junto con la golosina, debería ser suficiente para que tu perro preste atención.

Deja de entrenar si la ardilla le dificulta seguir sin decir *"mira"* una y otra vez. Esto es un indicio de que tu perro aún no está preparado. Puedes volver a casa sin distracciones y luego salir más tarde para la siguiente sesión de adiestramiento.

Una vez que tu perro domine el paseo con correa, puedes hacerlo más difícil sacándolo a la calle o al parque cerca de otros perros y personas. Es una buena idea empezar a sacar al perro a pasear por la mañana, cuando no hay mucha gente. O puede hacerse más tarde, por la noche. A medida que entrenas a tu perro, anímalo a ser más activo con todo lo que le rodea. Si tu perro no responde bien al adiestramiento, detente y tómate un descanso.

Los tirones son un problema habitual en el adiestramiento con correa. Es importante hacer saber a tu mascota que no está permitido tirar ni hacer esfuerzos. Ten a mano golosinas en caso de que tu perro tire de la correa. Si esto falla, deja de entrenar a tu perro y vuelve a lo básico. Un arnés puede ser una buena opción si tu mascota tira mucho.

Es importante entrenar a tu perro a su nivel. No se puede esperar que un cachorro se desenvuelva bien en un entorno ruidoso. Como con todas las órdenes, debes ser paciente y coherente con tu cachorro.

En el caso de los tirones persistentes, también puedes cambiar inmediatamente de dirección. Supongamos que tu perro corre hacia otro perro. Debes seguir avanzando en la misma dirección en la que estabas andando. Mantén la distracción lejos de los ojos de tu perro. Acarícialo cuando se mueva en la dirección opuesta y siga caminando.

"Quieto"

También puedes ayudar a tu mascota aprendiendo la orden *"quieto"*. Esta habilidad requiere una práctica constante y gradual. Empieza por enseñar a tu perro a sentarse. Cuando esté en una buena posición, diga *"quieto"*. Retrocede un paso con respecto a tu perro, pero mantén su mirada en ti. Para ello, ofrécele una golosina para fomentar la atención de tu perro hacia ti. Da otro paso para alejarte de tu perro mientras éste te mira. Puedes volver a decirle *"quieto"* de nuevo para reforzar al orden. Recuerda ir aumentando la distancia o la dificultad poco a poco, no podrá hacer todo loo que quieres a la primera así que sé paciente, esto es una carrera de fondo. Después de unos segundos, quédate quieto y anima a tu cachorro a venir hacia ti diciéndole *"ven"*. Para conseguir que tu cachorro se acerque a ti, sé positivo y juguetón. No debería tardar mucho. Es probable que tu cachorro corra a tu lado en cuanto des el primer paso.

Una vez que tu perro se sienta cómodo, continúa el adiestramiento más allá. Puedes aumentar gradualmente la dificultad alejándote más. Corrige a tu mascota si se precipita hacia ti. Luego, acércate a él. Es hora de que tu perro sea capaz de "quedarse" en otros lugares. Si tienes un patio o terraza es el mejor lugar para empezar. Tu mascota acabará llevando una correa, así que asegúrate de que la zona es segura y protegida. Lo ideal es un patio vallado. Como en todas las técnicas de adiestramiento, elogia, acaricia o recompensa a tu perro cuando se quede quieto o se acerque a ti.

Tiempo en su zona vallada de casa

También debes incorporar el tiempo en su zona exclusiva para tu cachorro lo antes posible. Se sentirá más cómodo en su zona cuando tú no estés presente. Tu casa y tu cachorro estarán seguros. Aunque puede llevar algún tiempo que tu cachorro se sienta cómodo con su zona vallada, será fácil. Debes colocar las valla delimitante en un lugar bien elegido. No debe estar expuesta a corrientes de aire frío. Asegúrate de introducir a tu mascota en su zona con cuidado para que la asocie como un lugar feliz. También puedes dejarle una golosina para que encuentre su zona exclusiva. Puedes alimentar a tu mascota en su zona. Es importante que tu cachorro entienda el valor de su zona exclusiva para cuando no estés.

Tu horario determinará cuánto tiempo pasa tu mascota dentro de su zona. No deberías tener ningún problema en permitir que pase algunas horas en su zona vallada, siempre y cuando haga suficiente ejercicio y se le entrene. Si tu perro pasa demasiado tiempo en su zona vallada, te darás cuenta rápidamente. Es posible que notes que pasa demasiado tiempo en su zona vallada si es hiperactivo o destructivo. Puedes intentar ajustar tu horario o pedir a un amigo que te ayude a dejar que tu perro salga a pasear durante el día.

También notarás que tu perro utilizará su zona cada vez con más frecuencia si se siente cansado o si la casa es demasiado caótica. A veces, tu mascota simplemente irá a su zona para relajarse. Esto es una buena señal de que tu mascota se siente bien en su zona. Más adelante, si tu perro está bien adiestrado y es adulto, podrás salir de casa sin cerrar la valla de su zona. Los perros confiarán en usted y esperarán en su zona hasta que tú regreses.

Cómo educar al perro en casa

Su zona vallada es una buena opción para los cachorros porque entienden de forma natural y rápidamente que deben evitar orinar en ella. Este es un rasgo común que la mayoría de los cachorros aprenden rápidamente. Antes de empezar a educar a tu perro, debes tomar algunas decisiones.

- Cómo piensas alimentar a tu perro
- El lugar de sacarle
- Toda su rutina diaria

Echa un vistazo a tu calendario y crea un horario para tu mascota. Toma nota de las horas a las que alimentarás a tu cachorro cada día. Por lo general, una mascota debería salir a hacer sus necesidades antes de comer y al llegar a casa le serviremos su comida. Es mejor que vaya a jugar con el estómago vacío que lleno y para evitar tener problemas.

Hay que separar el "tiempo de orinar" del "tiempo de jugar". De este modo, tu cachorro sabrá cuándo es el momento de ir. Aquí es cuando me gusta utilizar una orden. Supongamos que ha llegado la hora de sacar a tu mascota y sabes que tiene que hacer sus necesidades en cualquier momento. Lleva a tu cachorro a la zona designada y luego da la orden. Mi orden favorita es *"¡ahora!"*. Mantén a tu cachorro en la zona designada hasta que haga sus necesidades. Dale tiempo para que termine. Una vez que haya terminado, recompénsalo, acarícialo y llévalo de vuelta a la casa si habéis terminado el paseo. Puedes reforzarlo llevando a tu perro a su zona exclusiva dentro de casa cuando vuelvan. Aunque sólo sean cinco minutos, esto distingue claramente el tiempo de juego y el tiempo de orinar. Puedes dejar que tu cachorro corra libremente después del límite de cinco minutos.

Si su perro se despierta a las 7 de la mañana y luego tiene un percance en casa y orina en el mueble a las 7:15, sabrás que sólo necesita 15 minutos para ir a hacer sus necesidades. Puedes cambiar tu horario para que salga antes. También es posible que ocurra lo contrario. Algunos perros, sobre todo los mayores, pueden tardar hasta 40 minutos en prepararse. Es importante ser sensible a las necesidades de tu perro y trabajar con él.

Puedes establecer un horario conociendo su calendario personal. Es probable que vayas a dar de comer a tu perro cuando regrese a casa, así que asegúrate de sacarlo al exterior durante media hora antes de ponerle de comer. También puedes dar a tu cachorro un descanso de cinco minutos en su zona privada. Haz lo mismo por la noche. Si eres constante, notarás que tu cachorro lo ha entendido al cabo de unos días. Es posible que cada cachorro tarde distinto tiempo en "entenderlo". Tu cachorro aprenderá mucho si trabajas con él de forma constante y con paciencia.

Tu perro cometerá errores. Esto es normal. Durante las primeras semanas, deberías colocar a tu cachorro en un suelo de baldosas en lugar de en una alfombra para ayudarle a adaptarse a su nueva rutina. Nunca castigues a tu cachorro si tiene ganas y orina en un mueble. Tu perro debe entender que hacer sus necesidades es genial. Sólo tiene que hacerlo en el lugar adecuado. Es importante que la orina se limpie rápidamente después de un accidente. A veces los cachorros huelen su orina y entonces piensan *"¡oh sí, ahí es donde me gusta orinar!"*. Esto les recuerda que deben hacer pis de nuevo. Todos los olores deben eliminarse añadiendo lejía al agua en una proporción de 1:10. Eliminará el olor y las ganas de volver a orinar en el mismo sitio.

No hay lugar para azotes, los gritos o cualquier otro comportamiento negativo cuando se trata de educar en casa. Es lógico que tu perro entienda con rapidez que hacer sus deposiciones dentro de casa no es bueno. Intentará no repetir sus errores, pero si tú le castigas, gritas o incluso golpeas, puede dar lugar a un nuevo problema. Tu cachorro empezará a asociar el castigo contigo en vez de la confianza. Te tendrá miedo en vez de cariño y eso puede acabar muy mal, con tu perro escapando cuando tenga la menor oportunidad, o mordiéndote porque se sienta amenazado, así que piénsalo tres veces antes de tratar mal a tu perro en cualquier ocasión, sobre todo debido a que haga pis o defeque en cualquier parte de la casa, ya que eso es algo que él aún no sabe controlar y necesita de tu ayuda para hacerle entender cómo actuar correctamente.

Socialización

Otro aspecto importante del adiestramiento de tu cachorro es la socialización. La socialización de tu perro comienza a las cuatro semanas de edad y continúa hasta las doce semanas. Aunque a veces puede ser más tarde por el tema de la última vacuna.

Los cachorros disfrutan mucho cuando están jugando y son muy pequeños, este juego es vital. Es la primera etapa de la socialización. Es tu responsabilidad socializar a tu cachorro una vez que se haya hecho cargo de él. Un programa de socialización adecuado para tu perro incluye muchos componentes. Estos son los más importantes:

Tu cachorro debe aprender que está bien que lo dejen solo. Esto es especialmente importante en el caso de los perros que tendrán que estar solos cuando tú te marches. Lo más probable es que esté en su zona vallada. Es posible que los primeros días en que el cachorro esté en su zona llore y se queje. Sin embargo, lo que quieres es que tu cachorro se sienta lo más cómodo posible. Nunca debes llevar a tu cachorro a casa y meterlo inmediatamente en una zona cerrada. En lugar de ello, guía a tu cachorro suavemente hacia su zona. Pon una golosina en la última esquina de la zona vallada de tu perro. A continuación, suéltalo. Puedes dejar que tu cachorro explore la zona hasta que encuentre la golosina. No es necesario que la puerta esté cerrada. Tu objetivo es conseguir que tu mascota acepte su zona exclusiva y que sea un lugar seguro. Una vez que tu mascota se sienta cómoda en su zona vallada, puedes empezar a darle de comer. Esto le mostrará a tu mascota que su zona es segura y un lugar donde puedes proporcionarle comida deliciosa. Durante la alimentación, puedes cerrar la puerta. Esta es una buena manera de que tu perro entienda que está bien que la puerta de su zona vallada puede estar cerrada de vez en cuando. Permanece en silencio durante un rato y luego vuelve. Tu cachorro sabrá que tú estarás lejos de su zona algunas veces, pero que volverás. Tú quieres que su zona sea "normal" para que tu perro la utilice. Si eres coherente con el adiestramiento de tu perro, éste aprenderá a utilizar su zona y se sentirá a gusto en ella. Los propietarios de perros que están ocupados pueden tener dificultades para conseguir que su perro utilice la zona vallada rápidamente, es cuestión de constancia y voluntad y lo conseguirás.

Una técnica muy interesante para que tu perro se encuentre más cómodo y menos ansioso cuando tú no estás en casa es usar una camiseta tuya y dejársela en la cama o en su zona vallada para que la huela. Parece una tontería, pero de esta forma él se sentirá mejor y tu ausencia se hará más llevadera para él al tener tu olor cerca.

Muchas personas no están seguras de si su perro debe quedarse en casa y no en una zona vallada dentro de ella. Esto depende de ti y de tu perro. Algunos perros pueden quedarse solos en casa o les gusta que les dejen solos en el sofá. Otros perros no son así. El temperamento de tu perro y su adiestramiento determinarán el tipo de perro que elijas. Cuando tu perro tenga la edad suficiente para comer comida sólida, puedes hacer una prueba. Haz un viaje rápido fuera de casa y vuelve en dos o tres minutos. Comprueba los progresos de su mascota. Puedes prolongar el tiempo de tu ausencia si tu mascota se comporta bien.

Haz todo lo posible para que tu mascota se sienta cómoda cuando esté sola. Puede ser algo tan sencillo como una manta, una golosina o una almohada para facilitar que tu mascota viva sola.

- Morder: otra realidad de los cachorros es que muerden todo el tiempo. Tu cachorro explora el mundo con su hocico, lo que significa que utilizará sus dientes y su boca constantemente. Pregunta a su veterinario qué juguetes para morder son los mejores para tu cachorro, según su edad, raza y tamaño. Cuando juegues con tu cachorro, asegúrate de utilizar la orden *"¡no!"* para evitar que muerda. No pegues ni sujetes agresivamente a tu cachorro. Esto sólo le animará a defenderse, lo que puede incluir más mordiscos. En tercer lugar, debes saber cuándo va a morder. Un *"no"* firme y rotundo es suficiente si el mordisco es un simple pellizco. Si tu perro muestra una energía excesiva y muerde, debes poner fin al juego. Si está lleno de energía, será difícil disciplinarlo. Para calmarlo y evitar que se excite demasiado, sácalo a pasear.

También puede jugar con otros perros. Es importante establecer una rutina para el tiempo de juego de tu perro con otros perros. Es un momento crucial para que tenga el mayor número de experiencias posibles. Esto enseñará a tu perro a reaccionar y actuar en diversas situaciones. El miedo puede provocar ansiedad y agresividad innecesaria. Es conveniente que tu cachorro sea capaz de probar sus límites mientras es joven. Debes permitir que tu cachorro juegue con perros mayores y cachorros. Un parque para perros es un recurso excelente. La mayoría de las ciudades tienen un área designada en sus parques que es específicamente para las mascotas. También puedes recibir adiestramiento y un programa de socialización estructurado.

Cuando veas que tu perro se pone agresivo al tener un juguete en la boca como un palo o una pelota y tener cerca otras mascotas, es un momento maravilloso para corregir ese comportamiento. Quítale suavemente el juguete, acaríciale y dáselo a otro perro. Así comprenderá que cualquier puede coger su juguete y no por eso deberá enfadarse. Este truco es muy importante que lo apliques lo antes posible, para evitarte posibles problemas por malas reacciones de tu perro al socializar en su día a día. Cuanto antes lo comprenda, mejor será.

- Personas: la socialización con otros perros es importante. Podrás llevar a tu perro en tus paseos diarios y tendrás muchas oportunidades de conocer gente nueva. Es probable que la gente se acerque a tu perro y te pida que acariciarlo, especialmente si es un cachorro. También, es aceptable informar a alguien de que tu perro está en fase de adiestramiento y necesita estar atento. Esto es especialmente cierto si tu perro es enérgico y activo. Una buena alternativa es visitar las residencias de ancianos. Muchas residencias de ancianos permiten la entrada de mascotas para que los residentes puedan conocerlo. Esta es una buena manera de ayudar a tu cachorro a aprender habilidades sociales.

- Otros entornos: tendrás que exponer a tu cachorro a muchos entornos diferentes mientras lo entrenas. Tu casa y tu patio son los lugares básicos que tu cachorro debe conocer. Cuantos más lugares conozca tu perro mejor, siempre acompañado de ti y continuando con un buen adiestramiento, eso es esencial. Tu cachorro no debe tener miedo a las situaciones nuevas y debe saber cómo comportarse en ellas. Puede llevar a tu perro a un parque para perros cuando esté tranquilo, llevarlo a un lago o río o llevarlo en el coche para ir a la playa. Tu cachorro debería tener la mejor oportunidad de adquirir confianza y estabilidad. También debería crecer y convertirse en tu mejor amigo. Si estás a su lado durante su crecimiento, establecerás un vínculo con él increíble que te seguirá durante hasta el final.

- Agresión: es importante estar atento a los signos de agresividad en la socialización. Éstos pueden intensificarse rápidamente. Supongamos que tu perro es agresivo y gruñe a un perro adulto. Este perro puede volverse agresivo y atacarle. Esto puede hacer que tu perro sea temeroso y agresivo durante muchos años. Es importante estar atento a cualquier signo de que tu cachorro está fuera de control. Debes sacar inmediatamente a tu perro de la zona si observas signos de agresividad. A veces, un paseo con tu perro puede calmar su ansiedad y tensión. Otras veces, tendrás que poner fin al paseo y volver a empezar. Es importante observar, conocer y comprender a tu mascota y responder rápidamente. Es importante consultar a un profesional si no te ves capaz de realizar un adiestramiento eficaz si tu perro es agresivo para evitar problemas en el futuro, así como comentar sus preocupaciones con el veterinario. Es posible que se trate de un caso aislado de ansiedad de tu perro, o quizá se trate de otro tipo de problema.

- El plato de comida: la socialización es importante para tu perro. Es importante que entienda que otras personas pueden acercarse a su cuenco de comida. Mientras tu perro come, es muy bueno que interactúes con él. Acércate al cuenco mientras tu perro está comiendo. Coge el cuenco y aléjate. Esto puede repetirse varias veces al día y otros miembros de la familia también pueden hacerlo. Es importante que tu perro sepa que las personas pueden quitarle la comida temporalmente y que se la devolverán y no debe ponerse agresivo en absoluto. Este ejercicio de socialización debe completarse si tiene niños y hacerlo con ellos.

- Manipulación: el manejo de tu perro es algo con lo que tendrás que sentirse cómodo. Esto se debe al hecho de que la gente puede acercarse a tu perro en público. No puedes permitir que tu perro gruña o se acobarde con las interacciones sociales. Pide a tus familiares y amigos que sostengan a tu cachorro y que se turnen para hacerlo. Consigue que se acostumbre a la gente nueva. Tus familiares y amigos pueden enseñarle a tu cachorro que conocer nuevas personas está bien y es divertido, para que se sienta seguro y protegido. Tu cachorro también debe estar familiarizado con el manejo de los problemas médicos. Si cachorro aún no lo ha hecho, acude al veterinario. Además, deberás cepillar los dientes de tu cachorro y realizar evaluaciones generales si hay algún problema. Tu cachorro debe sentirse cómodo cuando le toques la boca y con tus dedos. Esto es más fácil si lo haces de forma constante y frecuente.

- Sonidos: la socialización incluye enseñar a tu cachorro a reconocer diferentes sonidos. Tu perro experimentará muchos sonidos cuando llegue por primera vez a su casa. Estará expuesto a sonidos como el de la televisión, el del teléfono o el del molinillo de café. Como padre de tu cachorro, no querrás que sienta miedo en su casa. Enséñale a tu mascota poco a poco la casa y todos los sonidos que encontrará a lo largo de su vida.

Cada uno de ellos es una parte importante de la socialización. No importa si tu perro es un cachorro o un adulto, todo es nuevo para él. Necesitará tener las experiencias e influencias adecuadas para aprender a adaptarse a todos los estímulos.

CAPÍTULO 8

¿POR QUÉ MI PERRO DUERME EN MIS PIES?

Aunque los perros pueden elegir dormir en diferentes lugares, la mayoría de ellos prefieren tumbarse a tus pies. Te preguntarás por qué tu perro prefiere dormir a tus pies cuando hay tanto espacio.

Nunca sabrás la verdad hasta que tu mascota pueda hablar. Muchos propietarios de mascotas hacen varias suposiciones sobre la preferencia de sus mascotas por dormir a sus pies en lugar de en sus camas.

No importa cuánto tiempo o cuánto dinero se gaste en la búsqueda de la cama perfecta para el perro. Las mascotas suelen dormirse junto a ti a menos que tú le enseñes a dormir en su cama poco a poco. Su lugar favorito es entre tus piernas o pies, o en tu regazo. Es bastante divertido y dulce ver a tu mascota durmiendo sobre su pie mientras estás sentado o acostado. ¿Por qué lo hacen?

Esperamos que nuestras mascotas nos amen y sean leales. Son las que más quieren a sus dueños y estarán a su lado a toda costa. Tu mascota ha llegado a amarte incondicionalmente a lo largo de los años y ahora es parte de tu familia. Hará todo lo que pueda para estar lo más cerca posible de usted. Esto incluye apoyarse en tus piernas hasta que se quede dormida en el suelo. Pronto conoceremos más sobre estos adorables hábitos de sueño.

Posibles razones por las que mi perro duerme a mis pies

Muchos dueños de mascotas han experimentado la situación común de un perro durmiendo debajo de su silla, a sus pies, mientras están trabajando en su escritorio en casa. También es posible que tu mascota se acurruque contra tus piernas mientras lee un libro. A los perros les encanta estar cerca de sus dueños, igual que a ti cerca de ellos. ¿Es normal que tu perro se acueste en sus pies todo el tiempo? Este comportamiento podría ser una señal de que algo va mal. No importa la razón que pueda tener tu perro para acurrucarse en sus piernas. Estas son algunas cosas que debe tener en cuenta cuando tu perro adopta este comportamiento.

- Una causa de acercamiento

La mentalidad instintiva de manada de nuestros bebés peludos es la responsable de la mayor parte de su comportamiento. Esta mentalidad incluye acurrucarse cerca de tu peludo y tumbarse a sus pies. Los caninos han nacido para vivir en grupo y prosperan cuando son capaces de comunicarse, acurrucarse y cooperar con los demás. A veces, tu mascota puede darte un lugar preferente en el sofá o la cama para demostrar que eres el líder de la manada. Para demostrar su respeto, su mascota también puede quedarse a los pies de su cama.

Además, los cachorros suelen seguir los pasos de su madre bajo sus pies. El instinto de su mascota de ponerse a sus pies suele ser el de proteger a su líder o estar cerca de los miembros de su familia. Podría ser que su mascota se sienta segura a sus pies si se encuentra a menudo tumbada a sus pies.

- Hay problemas potenciales

Aunque parezca tan natural dormir a sus pies, es importante que aprenda a leer a su mascota y su comportamiento. Puede notar que su mascota se acurruca a sus pies o se encoge, lo que podría indicar que se siente ansiosa o temerosa. Es posible que necesite ayuda si se muestra y se siente ansioso. Usted es el protector de su mascota. Sin embargo, puede no ser saludable para su relación si su mascota le utiliza como manta de seguridad.

Esta es una gran oportunidad para enseñarle el adiestramiento en positivo y sacar a su perro de paseo para reducir su ansiedad. Estas acciones reducirán el miedo y la ansiedad de su perro. El adiestramiento en positivo no sólo es bueno para su perro, sino también para usted.

- **Comportamiento territorial**

En ocasiones, los perros pueden echarse a los pies de sus dueños de forma agresiva y hostil. El adiestramiento con refuerzo positivo es una buena forma de cambiar este comportamiento. Es posible que su mascota no muestre respeto por usted como líder de la manada, sino que ya está mostrando sentimientos de dominación o territoriales. Esto podría ser una señal de que su mascota le "posee". Encuentre una forma de comunicar a su mascota que quiere su espacio. El hábito de recompensar a tu mascota por protegerte cuando no es necesario puede acarrear problemas a largo plazo.

- **Perro con velcro**

Los caninos que se separan de sus dueños pueden sentirse ansiosos. Estos perros pueden convertirse en "perros de velcro", que necesitan estar a su lado o bajo sus pies. Es posible que tu mejor amigo se ponga ansioso si no te toca. Puedes ayudar a reforzar su autoestima buscando formas de hacerlo. Llévale a pasear, a hacer excursiones y a explorar nuevas zonas. También puedes socializar con ellos conociendo a otras mascotas o personas de tu barrio.

¿Por qué a los perros les gusta tumbarse a nuestros pies?

Hay muchas razones por las que a tu mascota le gusta tumbarse a tus pies y acabar durmiéndose. Quieren estar cerca de usted como líder de la manada y tienen fuertes instintos de manada. Sobrevivirán y se mantendrán sanos si usted está ahí para protegerlos. En la naturaleza, existe una jerarquía de perros. Lo mismo ocurre en tu casa. Tus bebés peludos estarán más cómodos en tu casa, mientras que tú tendrás los mejores lugares. Estas son algunas formas de entender los encantadores hábitos de sueño de tu mascota.

Por comodidad

Tu mascota te considera la persona que manda. Confían en usted como persona "segura". Su perro se sentirá cómodo y tranquilo si usted está cerca de él. Se sentirá más tranquilo si puede tumbarse a su lado. También puede funcionar a la inversa. Las mascotas se preocupan mucho por nosotros, por lo que mantenerlas cerca puede ser una forma de mostrarles apoyo y consuelo. Los perros pueden reconfortarse permaneciendo cerca de sus dueños cuando están enfermos.

Seguridad

Usted es el líder de la manada y el dueño. Los perros suelen buscar seguridad y protección permaneciendo cerca de su líder. Los perros que están ansiosos o inseguros no se separarán de usted. Incluso los perros que no están ansiosos querrán a veces estar a su lado. Pueden tener miedo de un nuevo sonido, persona, experiencia u olor. Estos miedos podrían ser desencadenados por un nuevo sonido, persona u olor. Buscará tu protección y querrá estar cerca de ti todo el tiempo. Puedes observar sus hábitos de sueño. Si está tumbado boca arriba con la barriga al aire, indica que se siente seguro cerca de ti.

Calor

Los perros adultos siguen buscando el calor de sus dueños, aunque es más habitual en los cachorros. Para mantenerse seguros y calientes, los cachorros pueden dormir juntos. Los cachorros consideran que permanecer cerca de su familia es una forma de sobrevivir a los elementos. Si su mascota siente frío o necesita calentarse, permanecerá cerca de usted.

Afecto

Puede ser una señal de que su mascota es cariñosa al acurrucarse en sus piernas y pies. Su mascota le quiere. Tu mascota te querrá si puede tumbarse a tu lado o en tus pies. Esto es similar a las acciones de consuelo, pero no forma parte de los instintos de su perro para mostrar afecto. Es una señal de su confianza y respeto por su mascota.

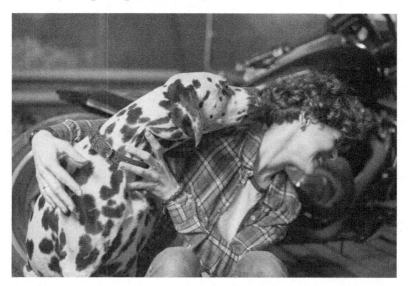

Protección

Algunos perros son demasiado dependientes de sus dueños. Otros son más seguros en su personalidad y sienten la necesidad de protección. Puede que le protejan durmiendo junto a su dueño o sentándose cerca de él. Aunque no sabemos lo que piensan nuestras mascotas, es posible que vean muchas cosas como una amenaza. necesitan estar cerca de usted para protegerle.

Este rasgo de supervivencia también está inculcado en sus ancestros los lobos. El miembro más vulnerable del terreno es el líder de la manada. Aunque son responsables de proteger a la manada, los miembros también tienden a defender a su líder.

Territorial

Es posible que a su perro le guste tumbarse a sus pies porque está marcando su territorio. Si se sientan cerca de usted, es una señal para otros perros o personas de que usted es el líder de su mascota.

Estos comportamientos pueden mostrarse tanto en el interior como en el exterior cuando sale a pasear a su perro. Si su perro muestra agresividad hacia otras mascotas o personas, puede indicar que es territorial. Esto sólo demuestra que su perro puede sentir que es suyo.

Esperar la comida

Una de las razones por las que las mascotas pueden permanecer cerca de usted, tumbadas de espaldas, o si esperan a que les dé algo es porque lo quieren. Pueden hacer esto porque no tienen suficiente comida o porque no han salido a pasear. Cuando se hayan hartado, buscarán con gusto otro lugar para dormir y holgazanear.

Fomentar el buen comportamiento

Las mascotas no necesitan mucho estímulo para estar cerca de nosotros. Puedes darle a tu mascota lo que quiera. Una atención extra, caricias en la barriga o golosinas les animarán a tumbarse a tus pies más a menudo. Todo depende de si quieres que duerma junto a tus pies o no. Si se acercan demasiado, puedes darles un entrenamiento de refuerzo positivo para que se comporten como tú quieres.

¿Cómo puedo conseguir que mi perro deje de dormir en mis pies?

Amamos a nuestras mascotas y queremos consentirlas, pero a veces debemos ser firmes para enseñarles disciplina. Debes ser firme con tu mascota y proporcionarle un refuerzo positivo para que no se convierta en un pequeño dictador en casa. Tu mascota y los demás miembros de la familia pueden convivir en paz. Para evitar que su perro duerma a mis pies, primero debe averiguar el motivo.

Los dueños de mascotas pueden permitir que su mascota se acueste a sus pies durante un tiempo, pero con el tiempo puede resultar molesto. Es posible perturbar el sueño de su mascota al levantarse y moverse. Puede ser agotador tener una mascota grande.

El adiestramiento con refuerzo positivo puede servir para que su perro deje de dormir a sus pies. Puedes recompensarles por permanecer en su cama y dormir bien. No tiene que hacer que se duerman en su cama. No le anime a hacerlo. Evite frotarles la barriga, darles golosinas o acariciarles cuando estén sentados a sus pies.

Los perros suelen dormir donde quieren. Sin embargo, hay algunos hábitos de sueño de los perros que le harán preguntarse: "¿Por qué mi perro duerme a mis pies?". Hasta que su perro sea capaz de hablar, seguirá suponiendo la verdadera causa. El comportamiento instintivo de un perro que se acuesta a los pies de su dueño podría ser una protección mutua entre el perro y su líder. Esto puede crear un dulce vínculo entre usted y su mascota, pero debe tomar medidas si ambos se sienten incómodos con la cercanía del perro. Es posible enseñar a tu mascota a respetar tu espacio como tú lo harías con el suyo. Si te sientes cómodo con ellos, puedes alabarlos, acariciarlos y acariciarlos. Siempre estarán a tu lado.

Recuerde tener paciencia y calmar a su mascota mientras le enseña a meterse en su cama.

CAPÍTULO 9

PRINCIPIOS FUNDAMENTALES

Una vez que comprendas los fundamentos del adiestramiento, otros tipos de adiestramiento te serán más útiles. Hay muchos tipos de adiestramiento: conductual, de obediencia, de agilidad y vocacional. Cada uno de ellos tiene un enfoque diferente. Aprenderás más sobre tu perro y podrás incorporar las cosas que desees. Puedes considerar el entrenamiento de agilidad si tu perro es muy enérgico. Esta es una gran manera de establecer un vínculo con tu perro y conseguir que se concentre en el entrenamiento. Estos son algunos de los métodos de entrenamiento y lo que pueden hacer.

Obediencia general: todos los perros necesitan obediencia general. Aunque algunas personas optan por entrenar a su perro en clases, éstas no son lo mismo que trabajar con tu perro directamente. Las clases de adiestramiento de perros suelen tener lugar una o dos veces por semana. Aunque es una buena forma de aprender algunas ideas sobre cómo ayudar a tu perro a ser más obediente, sigue siendo necesario que trabajes con tu perro de forma individual todos los días. Tú eres el líder de la manada, así que házselo saber a tu perro. Es posible comunicar este mensaje a través del adiestramiento. Tu mascota aprenderá a comportarse en diferentes situaciones. A medida que trabajes con tu mascota, encontrarás el tipo de vínculo adecuado que lo hará más fuerte. Deberás enseñar a tu perro las órdenes básicas de sentarse, quedarse quieto y venir. Estas órdenes permitirán a tu perro entender lo que se espera de él en cada situación. Esto facilitará su vida y la de los demás. Aunque el adiestramiento de la obediencia general no es una tarea fácil, al final dará sus frutos. Al igual que tener un bebé, tener un perro cambia la vida. Ambos crecerán contigo, lo cual es una buena noticia. Tu cachorro debería ser capaz de entender las normas, pero si eres capaz de enseñarle, pronto las seguirá sin ninguna indicación. Tu inquieto cachorro se convertirá pronto en un compañero fiel para ti y toda la familia. La obediencia de tu perro puede exhibirse con orgullo ante los conocidos o tu familia.

- Adiestramiento del comportamiento. Aunque trabajes duro con tu perro y siga todas las normas, puede haber problemas de comportamiento. Como hemos mencionado, hay ciertos problemas que requerirán una consulta con profesionales. También hay algunos que pueden ser manejados por ti. Estos problemas incluyen la ansiedad por separación, la falta de comunicación entre tu perro y tú, los signos de agresión y el desafío al líder.

Empecemos por la ansiedad por separación. Esto puede ser muy difícil. Es posible que no hayas tenido suficiente tiempo para que tu cachorro se sienta cómodo con tu marcha. Si no lo conseguiste, tu perro puede tener mucho miedo de que te vayas. Puede que pienses que has hecho todo lo posible para que tu cachorro se sienta cómodo al marcharte, pero él no lo entiende. Un perro o un cachorro puede ponerse ansioso cuando se va. Fíjate en cuál es su rutina cuando se va. A veces, tu perro recibe señales de la otra persona. ¿Haces que tu perro se alborote cuando te vas? ¿Gimotea cuándo te marchas? ¿Te vas y luego vuelves? Estas cosas sólo pueden agravar el problema. Ten en cuenta también a tu perro. ¿Hace suficiente ejercicio? ¿O simplemente se aburre? Puede que tengas que sacar a tu perro a pasear más tiempo o entrenarlo un poco. Tu objetivo es que tu cachorro se acostumbre a estar en la jaula. Lo mejor es hacerlo cuando esté en casa. Puedes trabajar con tu cachorro para enseñarle que puede seguir jugando con sus juguetes incluso cuando tú no está. Otra opción es poner una prenda de ropa en la jaula de tu perro. Esto le recordará que, aunque estés ausente temporalmente, no te vas a ir para siempre.

La falta de comunicación entre tú y tu perro es otro problema de comportamiento. Una vez que te das cuenta, es un problema fácil de solucionar. Quizá tus métodos de adiestramiento para esta tarea no están funcionando. Esto no significa que no funcionen para otro perro. Sin embargo, tendrás que encontrar nuevos recursos para tu propio perro. Aquí es donde la lógica es clave. Tu perro no tiene segundas intenciones. Cree que tú quieres "acción" y por eso lo hace. Tu tarea es determinar: 1) qué señales estás enviando a tu perro y 2) qué mensajes le estás diciendo que haga. He aquí un ejemplo:

Después de llegar a casa del trabajo, tu perro orina en el suelo de la cocina con entusiasmo cuando lo sacas por primera vez de su zona vallada. Tu perro puede ser educado en otras ocasiones. Tu adiestramiento para el hogar es excelente. El entrenamiento para llegar a casa no lo es. Fíjate en cómo lo hace. Puede que le grites a tu perro: *"¡Ya estoy en casa!"* Cuando llegas, ¿dices el nombre de tu perro? Esto podría hacer que tu perro se agite y puede dificultar que lo deje salir de su zona vallada. Puedes probar a entrar en silencio y luego llevar a tu perro a la calle para que haga pis, antes de hacer cualquier otra cosa. Debe ser tu máxima prioridad llevarle fuera. Si tu perro no es lo suficientemente mayor aún y todavía no está enseñado, puedes agarrarlo y llevarlo al "lugar para orinar". Recompénsalo y llévalo de nuevo a casa. Colócalo en la jaula y vete. Vuelve a comprobar lo que ocurre. No lo excites, pero permítele salir de su jaula. Dale todo el cariño que necesita. Este problema de comportamiento puede controlarse cambiando la rutina de casa con regularidad.

El mordisqueo incesante es otro problema de comportamiento. Habla con su veterinario para asegurarte de que su mascota tiene unos dientes sanos. Las mascotas pueden masticar más si su boca está irritada o tiene algún problema. Asegúrat de que la salud no es el problema. Masticar puede indicar aburrimiento o exceso de energía. Masticar también puede indicar demasiado tiempo sin supervisión. Esto puede solucionarse aumentando el nivel de ejercicio de tu mascota. Puedes considerar la posibilidad de llevarle a hacer un entrenamiento de agilidad. También debes asegurarte de que estás presente con la mayor frecuencia posible. Si no puedes estar allí para supervisarlo, asegúrate de que otra persona lo haga o de que esté en su jaula.

- Entrenamiento de agilidad: el entrenamiento de agilidad puede ser una gran herramienta, es una gran manera de establecer un vínculo con tu mascota. Es mejor empezar el entrenamiento lentamente. Hay tres niveles de entrenamiento de agilidad. Para ver cómo os desenvolvéis tu mascota y tú, pruebe un curso para principiantes. Asegúrate de inspeccionar a fondo el resto de perros con los que vais a compartir la clase antes de elegir una adecuada. Esto es especialmente importante si tu perro es más grande.

También puedes observar cómo el adiestrador los dirige en algunas clases. Un adiestrador que realmente se preocupa por los perros y quiere lo mejor para ellos es el que tú necesitas. Verás el cuidado del instructor en sus interacciones con los perros. Observa a su mascota de cerca y verás la diferencia en su capacidad para realizar el agility. Es una gran manera de sacar la energía de tu cachorro de forma segura y constructiva. El entrenamiento de agilidad también puede utilizarse para socializar a tu perro con otros perros. ¡No hay nada como matar dos pájaros de un tiro!

- Entrenamiento profesional: si quieres mejorar las habilidades de tu perro, ésta es una opción. El adiestramiento profesional enseñará a tu perro a realizar una tarea específica. Puedes utilizar a tu perro para ayudar a los discapacitados, rescatar o realizar otras tareas. Esta opción lleva mucho tiempo y requiere compromiso. Es posible que también tengas que tener en cuenta los requisitos específicos de la raza. Para saber más sobre los programas de entrenamiento de perros de su zona, consulta con tu ayuntamiento, quizá puedas encontrar cursos gratuitos o algún conocido que pueda echarte una mano para aplicar los conceptos de este libro de una forma más eficaz. Puedes hablar de tu intención de adoptar un perro con alguien que conozcas para preguntarle todo lo que deseas o cualquier duda que tengas para verdaderamente confirmas si tener un cachorro te gustará.

Todos estos métodos de adiestramiento requieren una fuerte socialización, a menudo se argumenta que éste es su mayor beneficio.

Es posible que tu perro esté preparado para un adiestramiento más intensivo. Debes estar atento a las señales que te da tu cachorro para saber interpretarlas y así poder aumentar, disminuir o mantener el ritmo de entrenamiento para tu pequeño, con dosis adecuadas de socialización y juego entre medias. De esta forma, los resultados de su educación serán más rápidos, eficaces y duraderos en el tiempo, y todo tu esfuerzo habrá merecido la pena.

CAPÍTULO 10

7 TRUCOS PARA ENSEÑAR A TU PERRO HOY

Todos queremos que nuestros perros impresionen a nuestra familia y amigos. Esto requiere un entrenamiento constante y un trabajo duro. Este entrenamiento tiene muchos beneficios. Enseñará a tu perro valiosas lecciones sobre cómo comportarse en todo momento. Aprenderá qué comportamiento es aceptable e inaceptable. Sea cual sea la situación, su perro aprenderá a comportarse. Un buen programa de adiestramiento te ayudará a crear un fuerte vínculo con tu perro. Podrá entender que tú has establecido las reglas y debe seguirlas. Un programa de adiestramiento hará que tu perro y tú se sientan más cómodos.

Aunque es maravilloso tener un perro adiestrado, que sea capaz de realizar trucos impresionantes es algo de lo que deberías estar orgulloso. Estos son siete trucos increíbles que puedes enseñar a tu perro de inmediato:

- Dar la pata: este es un truco divertido que puedes enseñar a su mascota desde el principio del adiestramiento. Simplemente da la orden y luego toma suavemente la pata de su perro entre sus manos. Puedes sacudirla suavemente para que se acostumbre a la sensación de su pata sosteniéndola. Durante unos segundos, sujeta la pata y luego suéltala. Da a su perro una golosina y elógialo a menudo. Esta es una buena manera de presumir delante de tus invitados, incluso los cachorros pequeños lo captan rápidamente.

- Dar un beso: otra de las órdenes que les encantará a tus visitas o a ti mismo es la de *"dame un beso"*. Puedes utilizar una orden como *"dame un beso"* para acercarte a la cara de tu mascota. Tu perro te lamerá de forma natural cuando te acerques. Dale una golosina y elógialo y acarícialo cuando lo haga. Esta es otra de las órdenes que tu mascota aprenderá rápidamente. Esto lo convertirá en un feliz compañero de besos.

- Hazte el muerto: esta puede ser una tarea difícil y requerirá una mascota que ya sea capaz de estar más atenta. Empieza primero por hacer que su perro se tumbe. Ve poco a poco orientándole hacia abajo para enseñar a tu perro a hacerse el muerto. Tú también puedes sentarte en el suelo y ponerle una golosina en tu mano cerrada tocando el suelo. Tu perro debería acabar tumbándose. Tu objetivo es comunicar a tu mascota que quieres que se tumbe hasta que tú le digas que se ponga de pie. Lo más probable es que tu mascota se tumbe con la cabeza apoyada en el suelo. Una vez que tu perro se sienta cómodo con esto, puedes darle una golosina. Sigue trabajando poco a poco guiándole con tu mano cerrada con una golosina para conseguir que se tumbe de lado o boca arriba. Cuando consigas que tu perro se ponga en la posición correcta después de haber utilizado la orden *"¡hazte el muerto!"* o simplemente un sonido como de disparo apuntándole, vuelve a darle otra golosina y acarícialo y felicítalo con palabras como *"buen chico"* o *"¡muy bien!"*.

Harán falta unas cuantas sesiones para que tu perro entienda el movimiento de tumbarse de espaldas. Cuando entienda el concepto, haz que se siente y luego haz de nuevo el sonido "bang" utilizando el gesto de la mano de la pistola. Si no lo hace, oriéntale de nuevo con la golosina hasta que se tumbe y después se ponga de espaldas en el suelo boca arriba y entonces acarícialo y dale su golosina. Verás cómo tu perro va aprendiendo con el tiempo. Para reforzar el gran perro que tienes, elógialo y dale golosinas siempre que haga lo que tú deseas.

- Dar la vuelta en el suelo: darse la vuelta es una extensión de hacerse el muerto. Es fácil de aprender una vez que tu perro ha aprendido la primera. Tu perro debe tumbarse de espaldas, con la cabeza apoyada en el suelo. Puedes realizar los movimientos de la mano u órdenes que hiciste para que se tumbe y luego exagerarlos con otro círculo. Puede tentar a tu perro con una golosina si la tienes en la mano. Tu perro seguirá la golosina con la nariz. Se trata de órdenes muy parecidas, así que asegúrate de decir claramente la orden. Mientras sostienes la golosina, di *"vuelta"* y dirige la nariz de tu perro hacia un volteo completo. Dale una golosina cuando se dé la vuelta por completo. Este truco es más difícil y puede más fácil para un perro más mayor. Sin embargo, puedes empezar con tu cachorro. Esto proporcionará una base sólida para los futuros objetivos de la educación de tu perro.

- Ponerse de pie: deberás conseguir que tu perro se ponga de pie sobre sus patas traseras, con las delanteras levantadas. Utiliza la golosina de tentación dando la orden de "de pie". Mueve lentamente la golosina hacia la cabeza de tu perro manteniéndola delante de su nariz y por encima a un par de palmos. Para conseguir la golosina, tu perro debe levantarse de forma natural hacia ella. Este truco funciona bien con el deseo natural de tu perro de comer. Coloca la golosina delante de tu perro de forma que esté sobre sus patas traseras. Es posible que tu perro ya haga este truco. Sólo tienes que hacer coincidir la orden con la acción y premiar a tu perro cuando lo haga correctamente y así lo aprenda para incorporarlo a sus trucos conocidos.

- Abrazo: este truco se basa en estar de pie. Ahora que tu cachorro es capaz de ponerse de pie, siéntate con su mascota en el suelo. Tu mascota levantará las patas y tú podrás darle la orden "abrazo". A continuación, coloca tus manos debajo de cada pata y guíalas para ponerlas sobre tus hombros. Deja de entrenar si tu mascota se siente incómoda. Es posible que esto no funcione para tu mascota. Concéntrate en el manejo general de tu perro. Cuando tu mascota esté contenta y seas capaz de cogerle sus patas con las manos, envuélvelo con sus brazos. Haz esto varias veces a lo largo de cada sesión de adiestramiento, y elogia a su perro siempre que lo consiga.

- Buscar: el juego de la pelota, el hueso, la cuerda o cualquier otro juguete es una forma estupenda de sacar la energía de tu perro. Elige un juguete que le guste a tu perro. Puedes darle una pelota o un juguete para apretar. Es importante que a tu mascota le guste el objeto.

Los juguetes pueden lanzarse lo suficientemente lejos para que tu perro los alcance, pero no tan cerca como para que le resulte fácil cogerlos. Lo más probable es que coja el juguete y se abalance sobre él para recuperarlo. Elogia mucho a tu perro cuando lo recupere. Puedes comenzar haciendo este truco con la correa puesta para guiarle hacia ti si no viene fácilmente. Sigue haciendo esto hasta que sea capaz de coger el juguete. Entonces, anímalo a que vuelva a ti una y otra vez. Anima a tu perro a traer el juguete de vuelta mediante estímulos. Puedes eliminar gradualmente la correa larga a medida que tu perro aprenda este truco. Para que esto funcione, debes estar en un espacio controlado y utilizar el refuerzo positivo.
Ya lo tienes. Empieza a entrenar eligiendo un objetivo. Será sorprendente ver cómo reacciona tu perro cuando le enseña

algo nuevo. Aunque puede tardar en aprender, estará encantado de que le hayas hecho feliz mientras lo entrenas jugando con él.

CAPITULO 11

7 MÉTODOS DE ENSEÑANZA EFICACES

Hay muchas opciones cuando se trata de estilos de entrenamiento del perro. Tú querrás que tus perros sean felices, al igual que tú.

Hay muchos métodos que puedes utilizar para enseñar a tu perro a aprender. Aquí conocerá los métodos más populares para enseñar:

Perro alfa / dominancia

El adiestramiento de perro dominante o alfa está profundamente arraigado en la mentalidad de un perro.

Los perros alfa son un tipo de entrenamiento que enseña a tu perro a ser un líder. Esta teoría es debida a que los perros ven a su familia como parte de su manada. Esta es la estructura social o manada donde el perro alfa es fuerte.

Todos los miembros de la manada deben seguir al perro alfa. Éste es su dueño humano. Es decir, tú.

Esto requerirá un profundo conocimiento del comportamiento y el lenguaje corporal del perro. No sólo será un proceso de aprendizaje para tu perro, sino que también requerirá que tú afirmes la autoridad y el dominio.

Esto podría ser tan simple como caminar primero y luego tu perro te seguirá. También puedes pasear a tu perro con correa, pero haciendo que éste le obedezca. Este método se conoce como método de adiestramiento por dominancia o cachorro alfa.

Refuerzo positivo

El entrenamiento de refuerzo positivo es otro método de entrenamiento de razas de perros que puedes utilizar para enseñar a su perro. Este es el método tradicional de adiestramiento de perros con el que puedes estar más familiarizado.

Es bastante fácil de obtener. El refuerzo positivo es una manera de recompensar a tu perro por su buen comportamiento.

Esto significa que cualquier comportamiento que no sea bueno no será recompensado. Sin embargo, no significa que tu perro tendría que ser castigado físicamente si no consigue cumplir con tus expectativas a la hora de hacer este tipo de formación. El entrenamiento de refuerzo positivo o las golosinas serían suficientes.

Debes recompensar a tu perro por su buen comportamiento. Esto permitirá que asocie las buenas acciones con las recompensas. Esto podría combinarse con el adiestramiento con clicker.

Este método de adiestramiento no es para todos. Tu perro tendrá que asociar el buen comportamiento con una recompensa antes que nada.

Adiestramiento científico

El adiestramiento científico es otro tipo de adiestramiento de perros. Este estilo de adiestramiento es más difícil que otros métodos. Este estilo se centra en el comportamiento cognitivo de tu perro. Puede solaparse con el adiestramiento con clicker y el refuerzo positivo en algunos aspectos.

Los conductistas de animales crean nuevos experimentos y estudios para determinar qué método de adiestramiento de perros es más eficaz para cada tipo de comportamiento canino.

No es tan sencillo utilizar el adiestramiento científico. Para poder adiestrar eficazmente a tu perro de forma científica, deberá tener un profundo conocimiento de sus capacidades y limitaciones.

El adiestramiento científico debe incluir una búsqueda constante de nuevas investigaciones y estudios actuales. Este método suele ser utilizado por los profesionales debido a su complejidad y a los tecnicismos que implica.

Este método se recomienda para los dueños de perros que tienen una profunda formación científica.

Adiestramiento con clicker

La línea entre los métodos de adiestramiento con clicker y el adiestramiento con refuerzo positivo es muy fina. Ambos métodos se basan en el condicionamiento operante. Esto se basa en gran medida en enseñar a los perros a asociar buenas acciones y recompensas. Este tipo de adiestramiento puede utilizarse como refuerzo positivo, más que como una categoría separada de adiestramiento de cachorros.

El adiestramiento con clicker consiste en el uso de un dispositivo que emite ruidos agudos y rápidos para indicar al perro que ha logrado el comportamiento deseado.

Este método es diferente porque los perros pueden asociar el clicker con momentos específicos en los que se produce el comportamiento deseado. Serán recompensados por cada comportamiento exitoso. Esto les permitirá relacionar lo que han hecho.

Este método es ideal para los perros que empiezan a aprender nuevos trucos. También podría ayudarte a dar forma a su estilo de método e introducir trucos más difíciles.

Adiestramiento electrónico

A la mayoría de la gente no le gusta la idea de utilizar el adiestramiento electrónico para sus cachorros. Esto se debe a que el método de adiestramiento electrónico requiere el uso de un collar eléctrico para entrenar al cachorro.

Un collar eléctrico podría utilizarse para dar una descarga o rociar al perro si no está haciendo la tarea o desobedece. Esta es una forma de refuerzo negativo. Esta técnica se centra en el mal comportamiento del cachorro y no en el refuerzo positivo.

Este método tiene la ventaja de que tu perro puede ser adiestrado a distancia, sin necesidad de correa.

Tendrás que sopesar las ventajas e inconvenientes de este dispositivo, que se basa en gran medida en el castigo y no en los sistemas de recompensa.

Esto puede causar estrés y tensión en la vida de tu perro, lo que podría provocar miedo y ansiedad. Este método de adiestramiento no se recomienda a los principiantes ni a los propietarios de perros medios. Los mejores resultados con el adiestramiento electrónico sólo los consiguen normalmente los adiestradores de perros profesionales.

Entrenamiento en espejo o rival de modelo

El método de adiestramiento con espejo o rival modelo es otra opción para el adiestramiento de cachorros. Este método depende en gran medida del hecho de que los cachorros pueden aprender por observación. En este caso, tú proporcionarás el modelo o ejemplo para que tu perro lo siga, puede ser otro perro o tú mismo.

Tu perro tendrá que entender que el modelo (que puede ser un humano) es su rival para obtener las recompensas y los recursos que desea.

Estos son algunos ejemplos de cómo puedes enseñar a tu perro a comportarse como un modelo. Es posible que tu perro aprenda observando a su modelo.

Sin embargo, este método no puede utilizarse por sí solo. Todavía tendría que incluir el condicionamiento y refuerzo positivo.

Adiestramiento basado en las relaciones

También puedes enseñar a tu perro el adiestramiento basado en las relaciones. Este tipo de adiestramiento es, con mucho, el más complicado porque incorpora muchos tipos diferentes de métodos de adiestramiento de perros.

Sin embargo, este método se centra más en el enfoque individual del dueño del perro y del perro. Está claro que cada tipo de adiestramiento basado en las relaciones será diferente. No hay ningún método de adiestramiento basado en las relaciones que sea igual.

Esto significa que el propietario debe entender el lenguaje corporal del perro. El perro debe hacer lo mismo con el propietario.

Es importante que el propietario sepa qué recompensas apreciará más el perro y cuáles son sus necesidades básicas antes de empezar el adiestramiento.

El refuerzo positivo puede utilizarse para fomentar el buen comportamiento del perro como siempre.

Adiestramiento de perros moderno y tradicional: ¿cuál es la diferencia entre los dos métodos de adiestramiento?

Los métodos tradicionales de adiestramiento de perros se centran más en sus capacidades cognitivas. Los métodos tradicionales modernos se centran en crear un vínculo con su perro. El refuerzo positivo, el adiestramiento eléctrico y los métodos de adiestramiento por dominancia son algunos ejemplos de adiestramiento canino tradicional.

Dos de los métodos de adiestramiento modernos más populares son los basados en la relación y los científicos. Los métodos modernos se centran más en crear una relación entre el perro y su dueño que en adiestrarlos.

¿Cuándo es perfecto empezar a adiestrar a su perro a una edad temprana?

Los propietarios de perros se hacen a menudo esta pregunta: ¿cuándo es el mejor momento para empezar a adiestrar a su perro? Empieza a adiestrar a tu perro lo antes posible con métodos básicos de adiestramiento de obediencia.

Aunque no es recomendable utilizar técnicas estrictas de adiestramiento de cachorros a esta edad, es una buena idea dar a tu cachorro los fundamentos básicos o primeras nociones para que pueda hacerlo en el futuro.

Preguntas frecuentes sobre el adiestramiento de perros:

¿Se debe tirar de las correas si se emplean estilos de adiestramiento de cachorros?

Esto es algo bueno, especialmente cuando está entrenando a sus cachorros. No debe tirar de las correas de su perro con demasiada fuerza, más bien deben ser leves tirones para guiarlo y orientarlo hacia un buen comportamiento. Esto es esencial para que tu perro pueda seguir tus órdenes.

¿El adiestramiento con correa se considera una agresión?

Algunos adiestradores de perros pueden tener esta preocupación. Esto no debería ser un problema. El adiestramiento con golosinas no se considera soborno. Se puede hacer, sobre todo en el adiestramiento con refuerzo positivo, para premiarles por su buen comportamiento. Esto les permitirá asociar el buen comportamiento con las golosinas.

¿Cuál es la mejor actitud para entrenar a mi perro?

La paciencia es una de las actitudes y mentalidades más importantes que puedes tener para tu perro. No es fácil adiestrar, es algo que debes comprender. Es posible que te lleve algún tiempo conseguir el método de adiestramiento adecuado, especialmente si eres nuevo en el adiestramiento de perros.

También debes permitir que tu perro tenga algo de tiempo para aprender sobre lo que le va a enseñar. Es importante tener paciencia. No es realista esperar que tu perro aprenda todos los trucos que le enseñes en cuestión de horas. Ve poco a poco y practicando un truco a la vez hasta que lo aprenda y lo incorpore a sus nuevos conocimientos.

Debes ser consciente de que entrenar bien a los perros requiere constancia y repeticiones. Por ello, la paciencia es el rasgo más importante que puedes tener como adiestrador de perros.

¿Es mi perro demasiado mayor o demasiado joven para ser adiestrado?

No hay límite de edad para el adiestramiento de tu perro. Puedes adiestrarlo a cualquier edad. Es de esperar que a los cachorros más jóvenes les resulte más difícil concentrarse y que necesiten repeticiones y seguimientos. Puede ser más difícil enseñar a un perro viejo nuevos trucos si es demasiado viejo.

La conclusión es que tu perro puede ser adiestrado a cualquier edad. Su capacidad para recordar y obedecer los trucos que le enseñes se verá afectada por su edad.

CONCLUSIÓN

Hay casi tantas formas de educar a tu perro como razas de canino repartidas por el mundo. Ahora es tu turno de encontrar la que mejor se adapte a ti y al nuevo miembro de tu familia. Para perros muy enérgicos, es necesaria más atención, compromiso y paciencia. Para perros más relajados, una buena motivación. El camino que estás a punto de comenzar no es lineal.

Habrá una parte del adiestramiento de tu cachorro que será muy rápida y eficaz y quizá cuando alcance la edad en la que madura sexualmente, en torno a los seis, ocho meses, puede que te haga menos caso que nunca y parezca que la educación que le diste no fue buena, suficiente o eficaz. No desistas ni te desesperes por ello, es algo totalmente normal. Un nuevo mundo se ha abierto antes él lleno de olores, colores y sensaciones. Estará más distraído y estimulado con todo su entorno y así quizá te haga menos caso a ti o a las órdenes que le des. No por eso significa que tu educación o adiestramiento no ha servido para nada. Lo que ocurre es que para él en este momento quizá las prioridades han cambiado, ya que con la madurez hormonal quiere ir detrás de los perros o de alguna perra para olerlos, y si está en celo, aún menos caso te hará. Es ahí donde debes mostrar tu paciencia y comprensión y seguir educándole con todo el amor y la cercanía del mundo.

Igualmente, así como hay ciertas características que definen a algunas razas, cada individuo peludo de cada camada es diferente y puede tener por lo tanto distinto comportamiento y diferentes necesidades a la hora de educarle. Debes adaptarte a ese comportamiento para así conseguir una educación sólida que te permita convivir con él y con el entorno que le rodea.

Hay gente que se desvive por su perro y eso está genial. Pero sacarle cuatro veces al día, llegar con estrés, prestarle continuamente exceso de atención dentro de casa, puede malcriar a nuestro perro y provocarle ansiedad. Él también debe ir poco a poco adaptándose a nuestra forma de vida. Si por ejemplo le sacamos a las 7 am y tenemos que irnos a trabajar, él poco a poco lo comprenderá, se acostumbrará y no lo pasará mal. Si quizá al llegar a casa te pones a trabajar, leer o ver la televisión, él lo aceptará.

No estoy diciendo en absoluto que no le prestes atención a tu perro dentro de casa ni le des mimos, ni mucho menos. Pero sí quiero mostrarte la idea de que, si cuando llegas a casa, estás con él todo el tiempo, jugando, acariciándole y no haces nada más por ti solo hasta que te vayas, él te echará de menos mucho más cuando te marches y lo pasará mal, se pondrá a llorar y se sentirá abandonado. Pero en cambio, si cuando llegas le saludas, le das mimos, juegas con él un rato y después te pones a hacer tus cosas, él entenderá que es su momento de ir a tumbarse a su zona, a su cama o donde sea y te dejará tu espacio igual que él tendrá el suyo propio. He ahí la importancia de no excedernos en la atención que le damos a nuestros pequeños.

Ten paciencia, comprende que es un bebé y necesita que tú te guíes y le muestres cómo debe comportarse en ciertas ocasiones para que sea feliz y tú también, y podáis tener una preciosa conexión, relación y vida juntos.

¡Disfruta! Poco a poco conseguirás unos resultados increíbles y habrá valido la pena cada instante dedicado a tu cachorro. Y él te lo agradecerá con todo su amor y compañía.

Espero de corazón, que hayas disfrutado de este libro y sobre todo, disfrutes de la aventura de educar y adiestrar a tu compañero de vida.

Si te gusta lo que has leído, me encantaría contar con tu reseña y valoración positiva en la página donde lo compraste, porque así me ayudas a llegar a más personas y a tener un impacto positivo en sus vidas.

¡Nos vemos en el siguiente libro!

Un abrazo,
César Enric.

Made in the USA
Las Vegas, NV
03 December 2022